das neue buch
Herausgegeben von Jürgen Manthey

Heinar Kipphardt

Bruder Eichmann

Schauspiel

Rowohlt

1. Auflage Januar 1983

Umschlagentwurf Klaus Detjen
Satz Garamond (Linotron 404)
Gesamtherstellung Clausen & Bosse, Leck
Printed in Germany
ISBN 3 498 03435 9

Niemals tut man so vollständig und so gut das Böse,
als wenn man es mit gutem Gewissen tut.
Pascal

Personen

Adolf Eichmann
Ofer, Gefängnisdirektor
Avner Less, Hauptmann im Polizeibüro 06
Frieda Schilch, Psychiaterin
Servatius, Verteidiger Eichmanns
Hull, Pfarrer
Frau Hull
Frau Eichmann
Gefängnisarzt

Für die verschiedenen Rollen in den Analogie-Szenen werden etwa acht Schauspielerinnen und Schauspieler benötigt. Die Darsteller Servatius, Hull, Frau Hull, Frau Schilch und Frau Eichmann können auch mit Rollen in den Analogiekomplexen besetzt werden.

Erster Teil

Die örtlichen Umstände

Um Eichmann in Israel sicher zu verwahren, wurde ein abseits gelegenes Untersuchungsgefängnis so verändert, daß es den Sicherheitsbedürfnissen entsprach. Die einsitzenden sechs Untersuchungsgefangenen wurden verlegt, das Wachpersonal ausgewechselt. Das Untersuchungsgefängnis bekam einen neuen Namen «Mahano Iyar», Iyar heißt hebräisch Mai, der Monat von Eichmanns Kidnapping. Man konnte in das Untersuchungsgefängnis nur durch zwei hintereinander gelegene Tore gelangen. Erst auf das Losungswort des Postens am äußeren Tor wurde das innere Tor geöffnet. Zu dem Trakt, wo Eichmann gefangengehalten wurde, konnte man nur durch einen Gang kommen, der durch doppelten Stacheldraht und einem zusätzlichen Maschendraht gesichert war. Dieser Gang war in regelmäßigen Abständen durch Eisentore unterbrochen. Jedes Tor mußte verriegelt sein, ehe das nächste geöffnet werden konnte.
Eichmanns Zelle war ein größerer Raum, 3,65 Meter mal 3 Meter und 3,65 hoch. Eine mannshohe Mauer teilte einen Waschraum ab und ein Klosett. Die Wände waren weiß gekalkt. In einer Wand befand sich hoch oben ein großes vergittertes Fenster, auch vom Waschraum geht ein vergittertes Fenster in einen Innenhof. Im Grundriß glich die Zelle einem großen L.
Die Einrichtung bestand aus einer eisernen Bettstelle mit Matratze, einem Stuhl und einem kleinen Tisch zum Schreiben. Die Bettstelle konnte an die Wand geklappt werden. In einer Ecke stand ein Stuhl für die Wache. In dem geräumigen Waschraum gab es eine Dusche und ein tiefes Waschbekken mit fließendem Wasser. Hier wusch Eichmann seine Kleidungsstücke und seine Wäsche. Er hängte sie über die Außengitter des Waschraumfensters oder die Mauer zur Zel-

le hin zum Trocknen auf. Im gleichen Trakt befand sich ein Vernehmungszimmer, ein Besucherzimmer mit Trennscheibe und ein Untersuchungsraum.
Eichmann wurde ständig von vier Leuten bewacht, die alle vier Stunden abgelöst wurden. Die Wachen waren unbewaffnet, aber sportlich trainiert und befähigt, Eichmann auch unbewaffnet zu überwältigen. Eine der Wachen war immer in Eichmanns Nähe, sie saß in seiner Zelle und begleitete ihn, wohin er auch ging. Die Wachen hatten die Anweisung, niemals mit Eichmann zu sprechen.
Der Posten in Eichmanns Zelle wurde mit ihm eingeschlossen, ohne einen Schlüssel zu besitzen. Durch eine vergitterte Tür beobachtete ein zweiter Posten Eichmann und die erste Wache. Eine dritte Wache war an der vergitterten Tür zum Innenhof postiert und beobachtete die zweite Wache. Der vierte Posten bewegte sich auf dem flachen Dach des Gefängnisgebäudes. Er konnte den zweiten und dritten Posten sehen und von einer bestimmten Stelle aus auch die Tür in Eichmanns Zelle beobachten.
Um einen Überfall von außen abzuwehren, hielten schwerbewaffnete Fallschirmjäger das Gebäude umstellt.
Um die Möglichkeit einer Vergiftung auszuschalten, erhielt Eichmann das gleiche Essen wie seine Wachen. Zur Essenszeit wurden fünf Schüsseln mit Essen aus der Küche in Eichmanns Trakt gebracht. Der wachhabende Offizier wählte eine Schüssel für Eichmann aus. Eichmann nahm seine Mahlzeiten im Beisein dieses Offiziers ein. Zu jeder Wache gehörte ein Schreiber, der über Eichmanns Tagesablauf Buch führte.
Die Freistunde verbrachte Eichmann auf dem Flachdach des Gefängnisgebäudes, das durch hohe Matten und Maschendraht gesichert war. Die persönliche Wache ging neben ihm. Die Wache war durch zwei weitere unbewaffnete Leute verstärkt, bestand also aus sechs Mann.

1. Szene

Die Zelle. Morgens.
Eichmann wischt die Zelle. Aufwischbesen, Aufwischlappen, Putzeimer. Er hat eine weite, dunkle Hose an, dunklen Pullover, dunkles Hemd, karierte Pantoffeln.
Die gewöhnliche Anordnung der Überwachung. Persönliche Wache in der Zelle, Wache an der Zellentür mit dem Gitterfenster. Diese Wache sitzt auf einer Klappleiter, sie notiert auch Eichmanns Tagesablauf. Die dritte Wache beobachtet durch die vergitterte Tür vom Innenhof her die zweite Wache und wird ihrerseits von der Wache auf dem Dach gesehen. Eichmann arbeitet sorgfältig und spricht dabei leise mit sich, eine Art innerer Monolog, dem man nicht immer folgen kann, von langen Pausen unterbrochen, in denen er stumm arbeitet.

EICHMANN: Gehen, gehen, zählen, gehen, gehen, zählen, Onkel Josef, Schrittezähler am Bein, versuchte beim Morgenspaziergang mit zweitausend Schritten auszukommen, zählen, vergleichen, zählen, Knöchelsülze, der Vater aß immer sehr gern Knöchelsülze, Zahlenbestandsaufnahme, Argentinien – *auf Wischbewegungen bezogen* – fünf, vier, drei, zwo, eins, nicht auf die Striche treten, Steinplatten, auch wir waren in einem totalen Krieg, in Linz, Kinderzeiten, gehen im Gras, Pilzesuchen, «wie scharf die jungen Leute doch sehen können», Olga, Großtante Olga, Waschkörbe Wiesenchampignons, die modernen Kriege werden noch totaler werden, sprechen, sprechen, sprechen, ich habe einmal sechs Monate nicht gesprochen – *wringt den Wischlappen aus* – Freund und Feind persönlich korrekt behandelt, Rädchen im Getriebe.
Er geht an den zur Seite geschobenen Tisch, um sich eine Notiz zu machen, fährt in der Putzarbeit fort, wendet sich an die Wache.
Wissen Sie, wann mich der Arzt heute untersuchen wollte?

Die in der Zelle befindliche Wache sieht zu ihm hin, reagiert aber nicht.

– Heute oder morgen? Ist heute Dienstag? Wie spät ist es? Wie spät?

Keine Reaktion.

Verstehen Sie mich nicht, oder ist es Ihnen verboten, mit mir zu sprechen? – *Folgt spanische Entschuldigung* –

Keine Reaktion.

Verstehn mich glaublich ganz fabelhaft, meine athletischen Ölgötzen. Hören, ohne gehört zu werden, sehen und nicht gesehen werden, kennt man, kennt man, ich habe weder Krieg noch Deportationen befohlen, konnte auch beides nicht stoppen, weder ich noch meine Männer haben je getötet. «Momentissimo», diese idiotische Momentissiomo, als sie mich kidnappten, Momento, Momentissimo.

Eichmann amüsiert sich in der Erinnerung über das falsche Spanisch. Er beendet das Aufwischen der Zelle, verschwindet mit Eimer und Gerät hinter der mannshohen Mauerblende, die Waschraum und Toilette von der übrigen Zelle abteilen. Die Wache begleitet Eichmann, beobachtet dessen Tätigkeiten im Waschraum und sagt neuhebräisch, was Eichmann dort tut. Die Wache an der vergitterten Zellentür notiert das wie alle bisherigen Tätigkeiten Eichmanns.

1. WACHE *neuhebräisch*: Er schüttet den Eimer aus. Er uriniert. Er wäscht sich die Hände. Er reinigt seine Zahnprothese.

Der Gefängnisdirektor Ofer in Begleitung eines Beamten, der Eichmann Frühstück bringt. Auch die absolvieren pedantisch die Sicherheitsmaßnahmen, Schleusen, Türen etc. Ofer ist ein Offizier, der sich sehr englisch gibt, er trägt auch gerne das Offiziersstöckchen zu seiner Uniform und stottert gelegentlich leicht.

OFER: Wir bringen Ihnen das Frühstück, Herr Eichmann.

Eichmann kommt aus dem Waschraum und nimmt Haltung an.

EICHMANN: Jawohl.

OFER: Es ist eine beliebige Portion unseres Mannschaftsfrühstücks und von dem Lebensmittelchemiker freigegeben.

EICHMANN: Jawohl.

Der Gefängnisbeamte stellt das Frühstück auf den Zellentisch.

OFER: Ich habe Ihnen zwei Brillen zu übergeben, die unseren Sicherheitsvorschriften entsprechen, eine Fernbrille und eine Lesebrille mit Kunststoffgläsern.

Eichmann probiert die Brillen.

Haben Sie Wünsche, Herr Eichmann?

EICHMANN: Wenn es sich einrichten ließ, daß ich gelegentlich mit irgend jemandem sprechen kann. Mit Ihnen oder einer anderen amtlichen Persönlichkeit.

OFER: Worüber sprechen?

EICHMANN: Über alles, was mich betrifft. Ich möchte mir über alles klarwerden, mich erinnern und offen darlegen, welche Rolle ich tatsächlich gespielt habe.

OFER: Ich gebe das an das Polizeibüro 06 weiter, an Oberst Hofstädter, der Sie identifiziert hat. 06 ist da zuständig.

EICHMANN: Jawohl.

2. Szene

Verhörraum im Lager Iyar. Die Hinterwand Betonlamellen, die auf einen Umgang führen, helles Außenlicht von dort. Eine Wache geht in Abständen an den Lamellen vorbei, eine andere Wache ist im Raum an der verschlossenen Tür.
Der Gefängnisdirektor Ofer und Hauptmann Avner Less. Eichmann wird von Wachen in Ketten vorgeführt, nachdem er die Sicherheitsschleusen passiert hat. Auf eine hebräische Anweisung von Ofer werden Eichmann die Ketten abgenommen.

Ofer: Ich mache Sie mit Hauptmann Less bekannt, den Oberst Hofstädter von unserem Polizeibüro 06 beauftragt hat, mit Ihnen Gespräche zu führen.
Eichmann: Jawohl. Ist Polizeibüro 06 die Geheimpolizei?
Ofer: Die politische Polizei.
Eichmann: Jawohl.
Less: Es wurde mir mitgeteilt, Herr Eichmann, daß Sie daran interessiert seien, uns Ihre Version Ihrer Rolle im sogenannten Dritten Reich darzulegen. Ist das richtig?
Eichmann: Das ist richtig, ja.
Less: Ich möchte dabei klarstellen, es handelt sich um kein Verhör, zu dem wir Sie etwa zwingen, es kann von Zwang keine Rede sein, und Sie können die Gespräche jederzeit einstellen.
Eichmann: Jawohl.
Less: Wir werden das auf Tonband nehmen und danach abschreiben lassen. Um Mißverständnisse auszuschalten, haben Sie Gelegenheit, die Abschrift durchzusehen, und Sie können dabei korrigieren, was Sie zu korrigieren wünschen.
Eichmann: Ich bin einverstanden, benötige aber natürlich, um präzise zu sein, die wichtigsten Dokumente, die Ihnen bestimmt zur Verfügung sind.
Less: Sicher. Sie werden alle Dokumente bekommen, die ich Ihnen vorlege, und alle, die Sie wünschen.

Bösen» (Hannah Arendt) verkörpert, ohne es uns möglich zu machen, sich ihm zu entziehen: weder durch Verachtung noch aus Erleichterung darüber, daß wir mit diesem fleißigen und in seinem ‹Fach› so überaus erfolgreichen Spezialisten nichts gemein haben.
Der blinde, gefühllose Funktionalismus ist weiter und zunehmend das Merkmal dieses Jahrhunderts. Der Sachzwang hat das Gewissen ersetzt. Wer keine Fragen stellt, wer beziehungs- und inhaltslos tüchtig ist, wer ‹funktioniert›, der wird seinerseits mit Fragen verschont: Wer er denn wirklich sei, was er empfinde, leide, welche Meinung er persönlich hat.
Auch Eichmann ist das nie gefragt worden, weil er keinen Anlaß zu Fragen nach seiner Person bot. Um so mehr war das der Fall, als er zweieinhalb Jahre lang in Israel im Untersuchungsgefängnis saß. Man könnte meinen, daß Eichmann nun selbst ein großes Bedürfnis entwickelte, gefragt zu werden nach alldem, was an ihm nie gefragt gewesen war. So lange, bis er schuldig wurde aus Gründen, die uns interessieren müssen, heute, immer.
Kipphardt gelingt es mit den Mitteln eines Dramatikers von Rang, uns betroffen zu machen, die Bezüge zu unserer Gegenwart nicht zu verkennen, die Frage nach der Verantwortung neu zu stellen und sie zu einer Frage zu machen, die auch an uns selbst gerichtet ist.
Heinar Kipphardt, Jahrgang 1922, war zunächst als Arzt, Fachrichtung Psychiatrie, dann als Chefdramaturg in Berlin und München tätig. Er starb im November 1982 kurz vor der Uraufführung seines Stückes.
Theaterstücke: «Der Hund des Generals», «Die Stühle des Herrn Szmil», «In der Sache J. Robert Oppenheimer», «Joel Brand, die Geschichte eines Geschäfts», «Die Nacht in der der Chef geschlachtet wurde», «Die Soldaten». Ferner: «März» (Roman), «Der Mann des Tages» (Erzählungen), «Traumprotokolle» (Prosa), «Angelsbrucker Notizen» (Gedichte).

Das Schauspiel «Bruder Eichmann» bringt uns einen Adolf Eichmann nahe, der so wirklich gefühlt, gedacht, gesprochen hat. Aus Dokumenten unterschiedlicher Herkunft ist hier das lebenswirkliche Bild eines Mannes entstanden, den eine exemplarische Schuld und ein spektakulärer Prozeß uns zuletzt entrückt haben. Der Hauptverantwortliche für die Organisation der Judenvernichtung im Dritten Reich fand sich in einem Olymp der Geschichte wieder, von dem aus Götter und Schurken den gleichen Platz in unserem Gedächtnis beanspruchen. Was jedoch schon im Guten bedenklich ist – die Verklärung eines einzelnen zur Führer*natur* –, das kann verhängnisvoll sein, wenn Verteufelung an die Stelle von Erkenntnis tritt; wenn Sündenbockdenken die historische und psychologische Einsicht versperrt.
Bereits der Prozeß gegen Eichmann im Jahre 1961 in Jerusalem und seine Dramaturgie im Blickfeld der Weltöffentlichkeit trugen dazu ungewollt bei. Der Massenmörder mit dem Mordwerkzeug der Administration wurde von seinen Anklägern, von Zeugen und Zuschauern durch einen schußsicheren Glaskäfig mit eigener Luftzufuhr getrennt: Niemand sollte dieselbe Luft wie der Angeklagte einatmen müssen.
Eichmann selbst spielte dabei mit, wenn es darum ging, seine Rolle ins Überwirkliche zu projizieren. So ist seine auffallende Aussagebereitschaft wohl auch damit zu erklären, daß er durch den Prozeß sich vor der Weltgeschichte selbst darstellen wollte, für alle Zeiten sozusagen und mit seinen eigenen Worten.
Die Ungeheuerlichkeit der Schuldverstrickung läßt sich durch kein Argument ausräumen. Im Gegenteil. Je unbefangener wir uns aus dem Abstand der Jahre ihm nähern, desto niederschmetternder ist der Eindruck, den sein Fall heute auf uns macht. Es gehört ein großes Einfühlungsvermögen dazu und eine bedeutende Darstellungsgabe, vor unseren Augen einen Eichmann lebendig werden zu lassen, der die «Banalität des

OFER: Wenn Sie während Ihrer Aussage eine Liste aufstellen, was Sie haben wollen, werden wir das so schnell wie möglich beschaffen.

EICHMANN: Gracias.

LESS: Es ist klar, daß Ihre Aussagen in einem künftigen Prozeß gegen Sie verwendet werden können.

OFER: Ich lasse Sie dann allein, Sie können gleich anfangen.

Ofer verläßt den Raum. Der Schlüssel wird von außen durch eine Klappe in die Zelle gereicht.

LESS *stellt sich privat vor:* Less, Avner Less.

EICHMANN: Adolf Eichmann. Angenehm.

Er setzt sich, von Less dazu aufgefordert.

LESS: Wollen Sie eine Zigarette rauchen, Herr Eichmann?

EICHMANN: Wenn ich bitten darf.

Die Wache bringt Eichmann Feuer.

Less schaltet das Tonbandgerät ein.

LESS: Es ist heute der 29. Mai 1960, 16 Uhr 55. Es wäre vielleicht angebracht, Ihre Erklärung mit ein paar Lebensdaten zu beginnen, Ihrem vollen Namen, Geburtsort, Geburtstag, Namen der Eltern und Geschwister usw. Sie kennen das ja.

EICHMANN *lächelt*: Ich wurde am 19. März 1906 zu Solingen im Rheinland geboren. Mein Vater leitete dort die Buchhaltung der Straßenbahn-Elektrizitätsgesellschaft.

LESS: Der Name Ihres Vaters?

EICHMANN: Adolf Karl Eichmann, meine Mutter: Maria Eichmann, geborene Schefferling.

LESS: Wieviel Geschwister haben Sie?

EICHMANN: Mein Vater war zweimal verheiratet, die erste Mutter starb 1916, aus dieser Ehe sind fünf Kinder hervorgegangen, ich als ältester, aus der zweiten Ehe drei.

LESS: Der Name der zweiten Frau?

EICHMANN: Fräulein Maria Zarrzel aus Wien, die Hochzeit 1916 in Gallneukirchen bei Linz. Mein Vater war 1913 nach Linz versetzt worden und war als kaufmännischer Direktor der Linzer Straßenbahn und Elektrizitätsgesellschaft dort tätig bis 1924. War eine sehr streng religiöse Protestantin gewesen, meine zweite Mutter, auch mein Vater, er war ehrenamtlich Presbyter der evangelischen Kirchengemeinde.

LESS: Politisch?

EICHMANN: Unpolitisch.

LESS: Ihr Elternhaus war unpolitisch?

EICHMANN: Völlig unpolitisch, völlig unpolitisch, wurde nie von Politik gesprochen, der Vater nicht und die Mutter auch nicht.

LESS: Welche Zeitung wurde zu Hause gelesen?

EICHMANN: Die «Linzer Tagespost», haben wir eh und je gehabt, bürgerlich orientiert, christlich und bürgerlich. Lokales vorwiegend – ob eine andere Zeitung? – Kirchliche Schriften, sicherlich. Ein Abreißkalender, erinnere ich mich noch mit einer Bibellese. Morgens vor dem Frühstück riß meine Stiefmutter das betreffende Blatt ab und las uns die Stelle vor. Wir mußten auch in die Sonntagsschule, und ich gehörte dem Christlichen Verein Junger Männer an, ebenfalls unpolitisch.

LESS: Wie kamen Sie zur SS?

EICHMANN: Das war Ende 1931 oder Anfang 32, ich hatte die Mitgliedsnummer 45 326.

LESS: Ja. Wie kamen Sie dazu?

EICHMANN: Vorwiegend gesellschaftlich, glaube ich.

LESS: Wie, gesellschaftlich?

EICHMANN: Ich baute damals dieses Benzinpumpennetz auf, Sphinx-Benzin, als Vertreter der Vacuum Oil in Oberösterreich, im oberen Mühlviertel, ich kniete mich mächtig in diesen neuen Artikel rein, wohnte aber noch zu Hause, kam über das Wochenende heim. Ich hatte damals ein Motorrad, verdiente glaublich 250 oder 300 Schilling als Lediger, ganz schön damals, und suchte gesellschaftlichen Anschluß, Geselligkeit.

LESS: Bei der SS?

EICHMANN: Zuerst war ich einer anderen Vereinigung beigetreten. Dem sogenannten Jungfrontkämpfer-Verband, eine Jugendabteilung der Deutschösterreichischen Frontkämpfervereinigung, die unter Oberst Hiltl in Österreich tätig war und deren Wahlspruch lautete: «Gemeinnutz geht vor Eigennutz».

LESS: Was waren das für Leute?

EICHMANN: In der Majorität monarchistisch eingestellt, monarchistisch und christlich.

LESS: In erster Linie österreichisch eingestellt?

EICHMANN: Nur, nur, nur österreichisch orientiert, mit einer Verbindung allerdings, wie ich dann später sah, zum Stahlhelm in Deutschland, was uns als Jugendgruppe nicht tangierte.

LESS: Was interessierte Sie daran?

EICHMANN: Daß man dazugehörte. Aufmärsche, allerdings sehr selten. Denkmalseinweihungen, Kameradschaftstreffen. Der Spiritus rector in Linz war ein sehr netter alter Herr, ein Generalmajor Dorotka von Ehrenwal. Kommandierender einer Division, hauptsächlich am Isonzo, also gegen Italien eingesetzt gewesen, und dieser Generalmajor Dorotka von Ehrenwal war es auch, der mir als erster mal einen Karabiner in die Hand drückte zum Scharfschießen, dessen entsinne ich mich wie heute.

LESS: Wie alt waren Sie damals?

EICHMANN: Dieser Anfang muß, was ich mich politisch irgendwie entsinne, etwa im Jahre 1929, 1929 gelegen sein, wobei, bitte sehr, ich ein Jahr vor oder zurück nicht mehr genau weiß, ich war 23 Jahre also. Es war glaublich 1931, muß 1931 gewesen sein, da starb der Oberst Hiltl, und es kamen stärker monarchistisch-nationalistische Stimmen auf in der Deutschösterreichischen Frontkämpfervereinigung. Inzwischen marschierten auch SA-Verbände durch die Straßen, die SS versuchte aus den Reihen Leute herauszuwerben, denn wir hatten gewissermaßen eine wenn auch sehr spärliche Erziehung genossen, und sicherlich war das der SS nicht unangenehm gewesen.

LESS: Auf diese Weise kamen Sie zur SS?

EICHMANN: Nein, nein, nein, nein, nein, da war ich erst einer anderen Vereinigung beigetreten, der sogenannten Schlaraffia, ebenfalls gesellschaftlich.

LESS: Was war das, Schlaraffia?

EICHMANN: Schlaraffia ist eine Vereinigung von Kaufleuten, Ärzten, Schauspielern, Beamten und so weiter. Mittelständler also, die sich zusammentaten zur Fröhlichkeit, zur Heiterkeit, auch zur gegenseitigen Unterstützung sicherlich, Hilfsbereitschaft, die der Allmutter Praga als Zentrum angeschlossen war, in ihrer Spitze eine zum mindesten lockere Verbindung zur Freimaurerei hatte, wie ich das später bei meiner Arbeit im Freimaurermuseum feststellen konnte. Ähnlich wie der Rotary Club, möchte ich mal sagen, nur hier schaltete der Humor, hatte der Humor nicht jene hundertprozentige Dominanz wie bei der Schlaraffia, sondern hier sind's wohl die Wirtschaftsthemen und die ernste Lebensarbeit, die im Vordergrund stehen.

LESS: Vollkommen unpolitisch eingestellt?

EICHMANN: Vollkommen unpolitisch eingestellt, vollkommen. Der Ritus war, daß beim Eintreten jeder den ausgestopften Vogel Uhu mit gekreuzten Armen begrüßen mußte, mit einer Verneigung, und jeder mußte alle Zeit lang einen Vortrag halten, dessen Tenor Humor, feinen Humor beinhalten mußte, und bekam einen mehr oder minder hohen Orden an seine Narrenkappe.

LESS: Sie hielten solche Vorträge?

EICHMANN: Jawohl. Ich hatte natürlich keine Ahnung bezüglich Freimaurerei, sagte mir nichts, bis ich einmal zufällig Kaltenbrunner davon erzählte –

LESS: Ernst Kaltenbrunner?

EICHMANN: Ernst Kaltenbrunner, jawohl, den ich von der Straße her kannte, der alte Vater Kaltenbrunner, der in Linz Rechtsanwalt war, spielte etwas Syndikatartiges bei der Linzer Straßenbahn- und Elektrizitätsgesellschaft bei den Bilanzen mit, wo mein Vater war, die beiden alten Herren waren Freunde, und wenn sie ins Café Traxlmayer kamen, so setzten sie sich zusammen, und so war ich jedenfalls auch mit dem Sohn bekannt, und der sich gleich entrüstete «Freimaurerei» und so weiter und so weiter und verlangte, daß ich da auszuscheiden habe. Ich fragte noch, was das sei, Freimaurer, und er sagte, «Freimaurer sind Freimaurer». Durch einen Zufall flog ich aber sowieso von selber raus, das heißt, ich wurde nicht mehr eingeladen.

LESS: Wie kam denn das?

EICHMANN: Es war an einem Abend mit dem Linzer respektive oberösterreichischen Heimathumoristen Franz Resl, der auch mehrere Bücher herausgegeben hat, oberösterreichischen Humor, auch Mitglied der Schlaraffia, und wir gingen im Anschluß an diese sogenannte Sitzung auf einen kleinen Schoppen in das sogenannte Rosenstüberl in Linz, und, weiß der Teufel, mich jungen Dachs ritt damals etwas, daß ich – ich wurde sicherlich nachher rot bis über beide Ohren vor Scham – daß ich, entgegen meiner Erziehung, nämlich versuchte, die Tischgesellschaft zu einem Wein einzuladen – und das als Jüngster. Da hatte ich mir natürlich mein Grab gegraben und brauchte die Kaltenbrunnersche Aufforderung erst gar nicht selbst in die Tat zu verwirklichen. Wie ich Kaltenbrunner von meinem Fauxpas erzählte, es war im Märzenkeller, ein großes Bierlokal, nach einer Versammlung, es sprach der damalige Gauleiter Bollek, entsinne ich mich noch, da sagte also Kaltenbrunner zu mir: Du kommst zu uns, forderte er mich also kategorisch auf, ich habe zu kommen und so weiter, wie das eben damals ging, burschikos, da wurde nicht viel herum und so weiter, ich sagte dann «Ja, gut», so kam ich zur SS.

Dunkel.
Aus dem Dunkel eine sehr ernste, sehr verführerische Sequenz einer Hitlerrede, die Weltwirtschaftskrise betreffend.

3. Szene

Verhörraum.
Less und Eichmann. Übliche Bewachung.

Less: Wie war's denn mit der Schule gegangen?
Eichmann: Die ersten zwei oder drei Schulklassen machte ich noch in Solingen, ab 1914 dann Linz an der Donau.
Less: Wie lange haben Sie das Gymnasium besucht?
Eichmann: Vier Jahre.
Less: Das war die Untertertia?
Eichmann: Das abgeschlossene vierte Jahr.
Less: Warum sind Sie abgegangen?
Eichmann: Ich war nicht der fleißigste Schüler – zur großen Enttäuschung meines Vaters, es war ein ewiger Kampf, lernen, lernen, lernen, in dieser Pubertätszeit, ich wollte nicht, war irgendwie widersetzlich, ohne daß ich das gewollt hätte. Da hieß es gleich, kommt runter, geht auf die Staatsgewerbeschule, «Höhere Staatsgewerbeschule für Elektrotechnik und Maschinenbau», da habe ich zwei Jahre, vier Semester habe ich dort gemacht und danach praktisch gearbeitet. Zuerst «Untersberger Bergbaugesellschaft» und nach einer Volontärzeit bei der oberösterreichischen Elektrobau.
Less: In Linz?
Eichmann: In Linz.
Less: In welcher Abteilung?
Eichmann: Verkauf, mein Vater wollte, daß ich in den Verkauf hineinkomme. Es war die Radiozeit, und ich kniete mich in den neuen Artikel hinein, bis ich die Gelegenheit bekam, wie ich schon sagen durfte, bei Vacuum Oil. Soll ich die Spezifizierung der Lebensdaten, die Chronologie hier, auch hineinsprechen?
Less: Die können Sie einfach mir geben.
Eichmann: Jawohl.
Less: Wollen Sie eine Zigarette rauchen?
Eichmann: Wenn ich darum bitten dürfte.

Die Wache zündet Eichmann die Zigarette an.

LESS: Wie lange waren Sie bei der Vacuum Oil Companie?

EICHMANN: Fünfeinhalb Jahre als sogenannter Reisebeamter, es gab Gehalt und Reisespesen.

LESS: War das ein großer Bezirk, den Sie zu bereisen hatten?

EICHMANN: Doch, es war halb Oberösterreich. Ich hatte hauptsächlich mit der Aufstellung des Benzinpumpennetzes zu tun, Pumpenverträge abzuschließen, Konsignationslager zu errichten, um den Service dieser großen Kartellfirma à jour zu bringen in dieser Zeit des zunehmenden Automobilverkehrs. Ich hatte dazu die Petroleumlieferung für das Mühlviertel. Mich interessierte das am meisten, weil ich hier in ein Gebiet kam, das abseits war von dem Modernen und Schnellebigen. Mir sagte das zu, die schöne Natur, teils Mischwald, teils Laub-, teils Tannen- und Fichtenwälder. Auch die Romantik dieses Gebiets, die alten Burgen, besser gesagt Ruinen, ich habe auf meinen geschäftlichen Fahrten die Ruinen der verschiedenen Adelsgeschlechter jeweils besucht. Wenn ich einem Kaufmann zum erstenmal Garg Oil oder Mobil Oil verkaufte, so bekam ich für sämtliche Ölnachforderungen ein Viertel oder sogar ein halbes Prozent Provision. Sonst war die Tätigkeit keine provisionsmäßig eingestufte.

LESS: Machten Sie Dienst in der SS?

EICHMANN: Jawohl, in Linz, da ich zu Hause wohnte, über das Wochenende auch nach Hause kam, im sogenannten Braunen Haus, indem ich dort auf einem Strohsack schlief und Nachtwache hatte, jeden Freitag abend. Nachdem ich einer der wenigen war, die Arbeit hatten, war mein Antreten der Wache immer gern gesehen, denn ich habe jedesmal Bier und Zigaretten freigebig bestellt für die Leute, und haben sie eben getrunken und geraucht. Wir wurden auch ein-, zweimal nach Freilassing gefahren, nach Deutschland, sonntags, zum Schleifen, wie man das nannte, bis uns die Zunge trocken war.

LESS: Das war Ihr Sonntagsvergnügen?

EICHMANN: Nun ja – Vergnügen, Herr Hauptmann? Man

dachte ja als junger Dachs nicht viel darüber nach. Was mir gerade einfällt, daß einer der Instrukteure abseits stand wie auf einem Feldherrnhügel und hatte weiße Zwirnhandschuhe an, das wurmte mich.

LESS: Haben Sie sich damals mit dem Nationalsozialismus beschäftigt?

EICHMANN: Beschäftigt ist zuviel.

LESS: Haben Sie Hitlers «Mein Kampf» gelesen?

EICHMANN: Damals nicht. Ich habe es, glaublich nie gelesen, nie ganz und nie gründlich.

LESS: «Mythus des 20. Jahrhunderts» von Rosenberg?

EICHMANN: Nein – das habe ich nicht gelesen.

LESS: Welche anderen Bücher haben Sie über nationalsozialistische Ideologie gelesen?

EICHMANN: Eigentlich gar keine. Das einzige, dessen ich mich genau entsinne, das ich gelesen habe, war von Hinkel «Einer unter Hunderttausend» – und zwar deswegen, weil Hinkel mir das Buch schenkte, mit einer Widmung von Hinkel, und wir zum erstenmal die Fangschnüre trugen zur Uniform. Bevor ich zum SD kam, gehörte ich zu dieser Menschenkategorie, die außer Zeitungen gar nichts las, sehr zum Kummer meines Vaters, der eine ausgezeichnete Bibliothek zusammengetragen hatte mit sämtlichen Klassikern und sonst schöngeistiger Literatur. Beim SD dann, da habe ich wiederum nur die Fachliteratur gelesen, spezifisch jüdische Bücher und Bücher über Freimaurerei. Ich las auch nie Kriminalgeschichten oder Liebesromane – bis heute nicht.

LESS: Haben Sie das NSDAP-Programm glesen?

EICHMANN: Die zwölf Punkte? Sicherlich. Aber ich könnte nicht mehr sagen, wie sie heißen. Es wurde auch in Kameradschaftskreisen nie darüber diskutiert über diese Detailangelegenheiten.

LESS: Sie waren aber ein überzeugter Nationalsozialist?

EICHMANN: Jedenfalls. Ich muß wahrheitsgemäß sagen, daß ich damals begeistert war. Ich hörte den 30. Januar 33, die Machtergreifung, in einem Tiroler Dorf, auf einer Geschäftsreise, wo der Führer, ich komme immer noch in die alte Tour, also Hitler, sprach, zum erstenmal sicherlich im Radio übertragen wurde. Er wetterte gegen die Knechtschaft von Versailles, die Arbeitslosigkeit, die Pfändung deutscher Bauernhöfe – den Bolschewismus, das internationale Finanzkapital, um nur einiges zu nennen – und daß nun alles anders werden würde in dieser nationalen Einigung. Das sagte mir vom nationalen Standpunkt zu damals. Es war ja mehr das Nationale als die politischen Detailsachen, was die Menschen begeisterte. Ich hatte mir darüber überhaupt gar keine Gedanken gemacht.

LESS: Und Sie meinen, das ging vielen so?

EICHMANN: Ich habe es ja später gesehen, Herr Hauptmann, sogar in der höheren Führerschaft, da hieß es das Reich, der Führer – da wurde nicht viel von Politik gesprochen.

LESS: Warum wurden Sie von der Vacuum Oil entlassen?

EICHMANN: Weil Personal eingespart werden mußte und weil ich der einzige Ledige war von den Reisebeamten, so hat es mich getroffen.

LESS: Sie schreiben in Ihrem Lebenslauf, Dokument Nr. 2, daß Ihnen im Juni 1933 wegen Ihrer Zugehörigkeit zur SS gekündigt wurde.

EICHMANN: Das war die Version des deutschen Konsulats in Linz, das mir ein Empfehlungsschreiben mit nach Deutschland gegeben hatte, sie hatten das irgendwie festgestellt, und die ich in der Folgezeit dann übernahm.

LESS: Welche der beiden Versionen ist korrekt?

EICHMANN: Als ich den Lebenslauf schrieb, nahm ich die zweite als die richtigere an, denn der Konsul schrieb in dem Brief, «wie mir von dritter kompetenter Seite versichert wurde», wer nun die dritte kompetente Seite war? – Es ist ja so, Herr Hauptmann, außerdem, daß einem im Zweifel meist die günstigere Version auch als die richtigere erscheint.

LESS: Sie meinen, wenn Sie diesen Lebenslauf für die Bewerbung bei einer anderen Ölfirma geschrieben hätten –

EICHMANN: Hätte ich anders geschrieben – hätte glaublich

jeder – ohne aber das Gefühl zu haben, hier oder hier nun direkt zu lügen. Ich dachte ja zuerst daran, bei der Vacuum Oil in Deutschland oder bei Shell unterzukommen, daß mir die Partei hilft vielleicht, hatte ein sehr gutes Zeugnis für die fünfeinhalb Jahre bekommen, ja, ach ja, ich sagte dem Gauleiter Bollek noch, als ich mich bei ihm in Passau meldete, bat ich ihn noch, ob er einen Weg zur bayrischen Vacuum Oil wisse. Da meinte er, daß es für mich besser wäre, erst mal ein bißchen Soldat zu spielen, höchste Zeit, daß ich mal gehen lernte. So war ich in der Österreichischen Legion, Edelweiß am Spiegel –

LESS: Eine SS-Einheit?

EICHMANN: SS-Leute und auch SA, SA war damals noch bedeutend mehr gewesen als später, wir wurden im wesentlichen im Straßenkampf ausgebildet, stoßtruppmäßig, im Kloster Lechfeld. Wir marschierten dann alle nach Dachau, wo wir ein Bataillon vom Regiment «Deutschland» bildeten, das nur aus Österreichern bestand.

LESS: Im Konzentrationslager Dachau?

EICHMANN: Nein, nein, nein, außerhalb. Im Konzentrationslager waren die bayrischen SS-Angehörigen gewesen, wir nannten sie Totenkopfler, weil sie an ihrem Kragenspiegel den Totenkopf hatten, wir hatten SS-Runen mit der arabischen 1, trugen auch Seitengewehr, die Totenkopfler Pistole. Ich hatte es dienstgradmäßig inzwischen bis zum Scharführer gebracht, also ein Stern, aber die Ausbildung war rekrutenmäßig, rein militärisches Exerzieren, wir schliefen drei Stück übereinander.

LESS: Wie war Ihre Einstellung zu den Häftlingen? Hat das nicht Ihre Ideale gestört?

EICHMANN: Wir hatten ja nichts damit zu tun. Man sah sie mal ausrücken zur Arbeit oder einrücken. Es hieß «Reichsfeinde», «Schutzhäftlinge», muß sein, müssen erzogen werden. Es wurde ja in Dachau nicht getötet, soviel ich weiß.

LESS: Es wurde geprügelt, gefoltert, auf der Flucht erschossen. Haben Sie nie davon gehört damals?

EICHMANN: Habe ich nicht, Herr Hauptmann. Wir hatten zu den Totenkopflern ein ziemlich gespanntes Verhältnis, weil jede Einheit wieder ihren Stolz hat, unsere Chefs waren in SS-Uniform gesteckte Offiziere der preußischen Landespolizei und zogen beritten an der Spitze ihrer Einheit. Ich gehörte damals zu den Menschen, die sich zufriedengaben, wenn etwas angeordnet war. Habe ich nicht weiter nachgedacht. Der Dienst war drillmäßig sehr hart und eintönig, fiel man danach aufs Bett. Ach ja, ich hab mal ein Eßpaket über die Mauer geworfen, auch andere von uns. Das wurde dann streng verboten.

LESS: Was hat Sie überhaupt zu dem Entschluß gebracht, nach Deutschland zu gehen. Ihre Familie war in Österreich, Ihre Freunde –?

EICHMANN: Mir schwebte erst vor nach der Kündigung, daß ich einen eigenen Schmierölhandel anfange, von einer Außenseiterfirma, einer rumänischen, keine Kartellfirma. Ich hatte verhandelt, wollte ein Konsignationslager übernehmen und Autoöle auf eigene Rechnung verkaufen. Kunden hatte ich ja genügend, besonders in Oberösterreich, als ich aber alles vorbereitet hatte und schon losgefahren war, den ersten großen Kunden zu besuchen, in Eferding, entschloß ich mich plötzlich anders, brach abrupt die Reise ab und sagte meinen Eltern, daß ich nach Deutschland wolle, bekam auch ihren Segen.

LESS: Wie erklären Sie sich diesen Sinneswandel?

EICHMANN: Ich glaube, ich hatte plötzlich Angst gekriegt, ob es das finanzielle Risiko war, daß ich allein auf eigenen Füßen –? Ich war ja ein relativ junger Mensch gewesen und war es gewöhnt, im mindesten geleitet zu werden, auch im Geschäftlichen. Es ist mein ganzes Leben dann ja so gegangen, wie verhext.

Dunkel.

Bischoff Gföllner aus Linz verliest 1933 seinen Hirtenbrief:
Das entartete Judentum im Bunde mit der Weltfreimaure-

rei ist auch vorwiegend Träger des mammonistischen Kapitalismus und vorwiegend Begründer und Apostel des Sozialismus und Kommunismus, der Vorboten und Schrittmacher des Bolschewismus. Diesen schädlichen Einfluß des Judentums zu bekämpfen und zu brechen ist nicht nur gutes Recht, sondern strenge Gewissenspflicht eines jeden Christen.

4. Szene

Verhörraum.
Less und Eichmann. Übliche Bewachung.

LESS: Im September 1934 haben Sie sich dann von Dachau aus zum SD, zum Sicherheitsdienst, gemeldet. Warum?

EICHMANN: Das war nun wieder eines der Versehen oder Irrtümer, wie sie sich in meinem Leben so reich ereigneten, Herr Hauptmann, ob ich das nun Zufall nennen soll oder die Schicksalsnorne wiederum in meine Fäden griff –

LESS: Sie kamen aus Versehen zum SD?

EICHMANN: Es war das tötende Einerlei des Dienstes gewesen, jeden Tag immer wieder dasselbe, immer wieder dasselbe, was mich zuerst veranlaßte zu überlegen, wie kommst du von hier weg? Da hörte ich eben, daß der Sicherheitsdienst des Reichsführers hier Leute aufnimmt. Da dachte ich mir, wie ich es auch in der «Münchner Illustrierten» gesehen hatte, Schutz hoher Parteiführer, Begleitkommando, dachte ich mir in meinem Sinn, das ist eine sehr ordentliche Angelegenheit, erstens kommst du rund, fährst, sitzt im Wagen drin, siehst allerhand, heute hier, morgen da, das ist schon wieder ein anderes Leben, als wie immer in derselben Falle liegen und immer das gleiche.

LESS: Wo haben Sie sich gemeldet?

EICHMANN: In München, erbat Urlaub nach München, Grund: Meldung beim Sicherheitsdienst des Reichsführers mit der Bitte um Aufnahme.

LESS: Hat man Sie da nicht auf Ihre Eignung geprüft?

EICHMANN: Ich mußte einen Fragebogen ausfüllen und wurde wieder nach Dachau geschickt. Hörte lange Zeit nichts, dachte schon, daß nichts daraus geworden wäre, da wurde ich eines Tages zur Adjutantur befohlen und wurde mir dort mitgeteilt, daß ich zum Sicherheitsdienst kommandiert sei, abzurüsten habe, Sachen übergeben, letzte Löhnung in Empfang nehmen, es waren 10 Mark,

Marschbefehl Berlin, Wilhelmstraße 102. Das war die Zentrale des Sicherheitsdienstes des Reichsführers SS, wie es offiziell hieß damals. Ich erwähne das, weil jetzt bei mir die damalige große Enttäuschung kommt, denn ich verwechselte das ganze. Was ich mir ja erhofft hatte, war Begleitkommando, hohe Persönlichkeiten begleiten, daß kein Attentat passiert, und diese Sachen stellte ich mir vor. Jetzt war ich beim SD und wurde wieder hier wie ein Rekrut behandelt, zwölf Mann auf einer Stube. Alles «geheim, geheim, geheim», in einem riesigen Saal dieses Palais, es war ein Hohenzollernpalais, da wurde dann fein sortiert.

LESS: Was wurde fein sortiert?

EICHMANN: Die Freimaurerei, denn ich kam zuerst ins Freimaurermuseum und mußte mit vier oder sechs Leuten die Freimaurerkartei fein ordnen, daß die Buchstaben genau nacheinander kamen. Wir saßen hinter unseren Karteitrögen, ich hatte Anfangsbuchstabe C, und das ganze nannte sich «Amt I» im Amt «Information», Gegnerbekämpfung, Freimaurer. Ich hatte von der Freimaurerei noch nichts gehört bis dahin. Außer bezüglich Schlaraffia, wo mir Kaltenbrunner sagte, Freimaurer sind Freimaurer. So konnte ich mir das alles nicht erklären, das sehr geheimnisvolle Gehabe. Als ich durch die Säle ging zuerst mit meinen plumpen Stiefeln, immer acht gebend, daß ich nicht ausrutschte auf dem Parkett, ging ich an einem Sarg vorbei, da lag ein Gerippe drin, das habe ich mir gemerkt, weil ich mir nichts zusammenreimen konnte. Das also war das Freimaurermuseum, damals noch im Aufbau befindlich.

LESS: Was war der Zweck dieses Museums?

EICHMANN: Aufklärung, Aufklärung über die Freimaurerei. Besichtigungen, Hoheitsträger der Partei, Wehrmachtsstäbe, SA-Führer, Hitlerjugend und BdM wechselten einander ab. Auch der Reichsminister für Volksaufklärung und Propaganda Dr. Goebbels kam zur Besichtigung, geführt von unserem wissenschaftlichen Leiter Professor Schwarz-Bostunitsch, Sturmbannführer, zaristischer Emigrant, der früher am Appellationsgericht in Kiew tätig war und sich mit Freimaurerei beschäftigt hatte. Er trug einen Spitzbart, er hörte nichts, so daß man ihm alles auf einen Wischblock schreiben mußte. Der nun mit seinem gewaltigen, urigen Baß Aufklärung über die Freimaurerei gab.

LESS: Und Goebbels?

EICHMANN: Ich weiß nur, daß er dauernd mit dem Kopf schüttelte. Auch an einen anderen prominenten Besuch entsinne ich mich noch, es war der Reichsmarschall Göring, geführt von Himmler oder Heydrich. Ich saß mit meinen Münzen und Siegeln damals im sogenannten Johannissaal, III. Grad der Johannisfreimaurerei, Baldachin, Tisch, zwei Säulen, das ganze mit Seidenstricken abgegrenzt. Auf dem Tisch lagen Hammer und Winkel, dekorationshalber noch ein Freimaurerschurz und ein Totenschädel. Der Reichsmarschall, jovial, saß erst mit einer Gesäßhälfte auf einem Eck meines Arbeitstisches, sodann legte er seine Zigarre in meinen Aschenbecher, begab sich in den Stuhl hinter dem Tisch, nahm den Hammer und schlug einige Male laut und mächtig damit auf den Tisch. Er war fröhlicher Laune, und seine hohe Umgebung strahlte ebenfalls nur Freude und Sonnenschein aus.

LESS: Ja. Wen haben Sie da noch gesehen? Hat Hitler besichtigt?

EICHMANN: Hitler nicht, glaub ich nicht, würde ich mich erinnern natürlich, ob später – ob nach meiner Zeit –? Hätten die Historiker irgendwie beschrieben jedenfalls. An was ich mich entsinne, eines abends kam Julius Streicher, der Frankenführer, zur Besichtigung, von Heydrich geführt, in großer Begleitung. Im Karteisaal meinte er wohl gelaunt zu einem der begleitenden Herren: «Na, da wollen wir doch mal sehen, ob Sie Freimaurer waren.» Ein Name fiel, und irgend jemand zog eine Karteikarte. Er war Freimaurer. Die Besichtigung war zu Ende, und wir gingen wie gewöhnlich in einen Bierkeller in der Anhalterstraße, wo der Teller Erbsensuppe 35 Pfennig, die dazu verzehrten Brötchen nichts, und jeder halbe Liter Bier 45 Pfennig kostete.

LESS: Wie lange haben Sie dort gearbeitet?

EICHMANN: Bis Anfang 35, zirka ein halbes Jahr. Da kam eines Tages der Untersturmführer von Mildenstein zu mir, in Begleitung eines Zivilisten, mußte wohl von mir gehört haben, daß ich fleißig sei, strebsam sei, ließ sich von mir über den Aufbau des Museums berichten, fragte dies und jenes, kurz und gut, sagte mir plötzlich, daß er im SD-Hauptamt ein neues Referat aufgezogen habe und ob ich nicht Lust hätte, zu ihm als Sachbearbeiter zu kommen. Es war das Referat II, 112, Judentum. Ich sagte sofort zu, denn von Mildenstein war ein leiser, sympathischer Mann, im Zivilberuf Diplom-Ingenieur, und ich war froh, der ewigen Münzen- und Siegelsortiererei zu entrinnen.

5. Szene

Eichmanns Zelle.
Eichmann und die Psychiaterin Frieda Schilch. Bewachung wie beschrieben.
Frieda Schilch ist eine schöne Frau, offen, an Menschen außerordentlich interessiert. Es ist auch ihre Technik, etwas von Menschen zu erfahren, indem sie offen und interessiert scheint, auch wenn sie es nicht ist.

EICHMANN: Von der Kinderstube angefangen, war bei mir der Gehorsam etwas Unumstößliches, etwas nicht aus der Welt zu Schaffendes.
SCHILCH: Warum?
EICHMANN: Aus meiner Erziehung, strenge Erziehung, Frau Doktor, von meinem seligen Vater. Trotz liebevollster Zuneigung und Freude an mir, war er sehr streng gewesen, gab es keine Widerworte, mußte gehorcht werden.
SCHILCH: Erinnern Sie sich an bestimmte Sachen?
EICHMANN: Bei den Mahlzeiten, zum Beispiel, Tischgebet, Reichen der Speisen, hieß es von Anfang an, was auf den Tisch kam, mußte gegessen werden. Wer etwas nicht aß, bekam es bei der nächsten Mahlzeit wieder, bis er es aufgegessen hatte. So lernten wir Genügsamkeit.
SCHILCH: Konnten Sie Wünsche äußern, was Sie gern aßen?
EICHMANN: Nein. Wir waren ja acht Kinder, sieben Söhne, eine Tochter. Es war den Kindern nicht erlaubt, während des Essens zu sprechen, nur wenn ein Kind direkt etwas gefragt wurde, durfte es antworten. Wegen schlechter Haltung, um die Arme anzulegen, aß ich eine Zeit mit Kochlöffeln zwischen den Armen und dem Oberkörper.
Schilch probiert das und amüsiert sich.
SCHILCH: Akzeptierte das die Mutter, war sie ein Schutz?
EICHMANN: Schutz? Ich weiß nicht, ob Schutz? Die erste Mutter starb ja früh, 1916, an Lungentuberkulose, da war ich zehn Jahre. Sie war, wie alle sagten, eine schöne Frau.

SCHILCH: War ihr Tod ein tiefer Eindruck für Sie?

EICHMANN: Tiefer Schock, tiefer Verlust, tiefe Trauer.

SCHILCH: Wie äußerte sich die?

EICHMANN: Wir Kinder trugen alle Trauerkleidung.

SCHILCH: Viel geweint?

EICHMANN: Wir waren so erzogen, daß man sich beherrscht, daß auch weinen nicht gezeigt wird.

SCHILCH: Erinnern Sie sich an die Beerdigung?

EICHMANN: – Nein. Sie starb in einem Sanatorium, ich war nicht auf der Beerdigung.

SCHILCH: Wann ist Ihr Vater gestorben?

EICHMANN: In diesem Jahr, im März, ich habe ihn mehr als achtzehn Jahre nicht gesehen, wohl es immer blieb in meinem Kopf «was sagt der Vater dazu?»

Eichmann unterdrückt seine Rührung.

Er ist 82 Jahre alt geworden, starb Gott sei Dank vor meinem – Kidnapping.

SCHILCH: Es weiß ja niemand hier von einem Kidnapping, Herr Eichmann. Bisher.

EICHMANN: Ist nicht bekannt geworden von dem Herrn Präsidenten –?

SCHILCH: Daß Sie gefunden wurden, aber nicht gekidnappt. Wie war die zweite Frau? War das schwierig?

EICHMANN: Nein. Es war auch wie erste eine gute Ehe. Es spielte vielleicht das Geistliche eine noch größere Rolle, meine zweite Mutter war eine sehr strenge Protestantin, und Sie müssen denken, die Protestanten waren in einer Diaspora, Linz ist ganz und gar katholisch.

SCHILCH: Wie definieren Sie das «Ehe»?

EICHMANN: – Eine Verbindung verschiedener Geschlechter zur Fortpflanzung ihrer Art.

SCHILCH: «Apfel»?

EICHMANN: Eine Genußfrucht zur Hebung der Gesundheit.

SCHILCH: «Kriechen»?

EICHMANN: Eine Vorwärtsbewegung des Menschen und des Tiers. Der Vater war immer die bestimmende Figur gewesen, auch in der zweiten Ehe, und stets von großem Ansehen begleitet. Sehr prinzipienfest und willensstark.

SCHILCH: War es für Sie schwer, seinen Erwartungen zu genügen?

EICHMANN: Wie ich noch ganz klein war, hatte ich eine Kinderlähmung, Polio, und ich mußte neu gehen lernen. Einmal in der Woche prüfte er meine Fortschritte. Ich war sehr bedrückt, wenn er fand, daß ich nicht genug geübt hatte. Das ist meine erste Erinnerung, ziemlich meine erste. Auch in der Schule, lernen, lernen, hat es mich oft gequält, daß ich ihm nicht entspreche, als einziger der Söhne, die Matura nicht erreichte, das Abitur.

SCHILCH: Was für Strafen gab es?

EICHMANN: Schuhputzen, Strafarbeiten, Ausgangssperre, Taschengeldentzug, Stubenarrest –. Das Schlimme für mich war nicht, wenn er schimpfte, sondern von seiner Enttäuschung sprach.

SCHILCH: Gab es demütigende Situationen?

EICHMANN: Direkt demütigend weiß ich nicht. Was mir nicht gepaßt hat, erinnere ich, ich wurde eines Tages zu einem Missionspfarrer mitgenommen, der sexuelle Aufklärung betrieb über das Laster der Onanie und diese Sachen. Und das in Gegenwart meines Vaters. Das hat mich empört, da hab ich innerlich gegen meinen Vater revoltiert.

SCHILCH: Hat er das bemerkt?

EICHMANN: Wie meinen?

SCHILCH: Sie haben doch wahrscheinlich onaniert?

EICHMANN: Ich werde darüber nicht sprechen, nicht darüber und nicht die ganzen Sachen, die meine Privatsache sind!

SCHILCH: Über Sexualität meinen Sie?

Keine Antwort.

Über erotische Fragen?

Keine Antwort.

Warum wollen Sie nicht darüber sprechen, Herr Eichmann?

EICHMANN: Weil das meine Privatsache ist und immer war! Was ich hier sage, das können Sie morgen in «Life» oder «stern» lesen, klebrig zurechtgemacht und andere hineinziehend. Es hat in meinem Leben die Erotik nie diese Dominanz gehabt! Und nicht in unserem ganzen Elternhause!

SCHILCH: – Wurden Sie strenger als Ihre Geschwister erzogen?

EICHMANN: Strenger. Obwohl ich kein schwer erziehbares Kind gewesen sein soll, sondern das gerade Gegenteil davon, leicht lenkbar und folgsam. Weil ich der Älteste war vielleicht, der Vornamensträger, Adolf oder – ist mir nicht klar warum.

SCHILCH: Fanden Sie das ungerecht?

EICHMANN: Glaub ich nicht. Ich anerkannte meinen Vater als absolute Autorität, wie ich später auch meine Lehrer und Vorgesetzten als Autorität anerkannte. Als ich zur Truppe kam, schien mir das Gehorchen keinen Deut schwerer als das Gehorchen der Kinderstube. Auch in der Schule, auch in den Berufsjahren, auch da.

SCHILCH: Wenn Sie sich von jemandem ungerecht behandelt fühlten, wie haben Sie da reagiert?

EICHMANN: Ich möchte als ein Beispiel erwähnen, was ich später oft den mir unterstellten Offizieren und Unteroffizieren erzählte. Das war in Kloster Lechfeld gewesen, Truppenübungsplatz damals, da war irgendein Vorkommnis gewesen in der Kompanie, das Bataillon wollte es herauskriegen und fing mit Strafexerzieren an, mit Strafexerzieren und, wie das so üblich war, war es das Robben.

SCHILCH: Robben?

EICHMANN: Robben.

SCHILCH: Von der Robbe?

EICHMANN: Robben, das später verboten wurde.

Er macht es vor.

Vorwärtsbewegung nur auf den Ellbogen, in diesem harten, schilfähnlichen Gewächs dort, Kieselsteine, nur Kieselsteine – eine ehemalige Moräne gewesen scheint's, und schon nach den ersten Übungen hatten sich die ersten Leute zum Revier gemeldet, sich d.u. schreiben lassen.

SCHILCH: Was ist d.u.?

EICHMANN: Dienstunfähig, dienstunfähig, schon nach ein, zwei Stunden, war sehr hart gewesen. Ich hatte damals vor Ingrimm und Zorn – weil ich glaubte, es geschähe uns Unrecht – habe ich verbissen weitergerobbt, gleichgültig, ob ich der letzte war, denn der letzte mußte immer wieder noch mal ran, und so hatte ich mir meine Ellbogen durchgerobbt, hatte auf Verbinden verzichtet, und mich nach der Mittagspause habe ich mich wieder gemeldet, nachmittags wieder Strafexerzieren. Kaum hatten wir die ersten Robbereien gemacht, waren meine notdürftigen Pflästerchen, die ich drauf hatte, wieder weggerobbt, und die beiden Ellbogen waren frei von Haut, lief das Blut heraus. Kurz und gut, ich blieb hier stur und robbte in meinem Zorn weiter, und so war's, da fiel man auf, und da avancierte ich dann nachher.

SCHILCH: Wenn ich Sie recht verstehe, Sie wehrten sich gegen ein Unrecht, indem Sie rücksichtslos gehorchten?

EICHMANN: Es wäre denkbar gewesen, daß das berühmte Kamel durch das Nadelör geht, aber undenkbar, daß ich mir gegebenen Befehlen nicht gehorcht hätte, damals.

SCHILCH: Sie sagen aber, Sie taten das aus Wut, um gegen ein Unrecht zu protestieren, verstehe ich.

EICHMANN: Weil ich mir ja nicht anders helfen konnte, Frau Doktor.

SCHILCH: Hätten Sie sich nicht ins Krankenrevier melden können?

EICHMANN: Da hätte ich irgendwie klein beigegeben, daß man mich fertiggemacht hat.

SCHILCH: Gaben Sie denn so nicht klein bei?

EICHMANN: Nein, denn ich machte ja immer weiter.

SCHILCH: Sie protestierten, indem Sie verbissen und ohne Rücksicht auf sich selbst gehorchten.

EICHMANN: Als eine Form der Bewährung auch vielleicht.

SCHILCH: Bewährung?

EICHMANN: Ich wurde in dieser Zeit Unterscharführer, bekam ein Sternchen, Unteroffizier also.

SCHILCH: Wollten Sie das damit erreichen?

EICHMANN: Nein, nein, nein, ich hatte einen solchen Zorn –

SCHILCH: Wenn ich Ihre Haltung einmal zu klären versuche, da war erstens, daß Sie, trotz aller Wut, gehorchten, das heißt, Sie zeigten der Autorität, daß Sie sie anerkennen – so sehr, daß Sie ihr sogar gehorchten, wenn sie im Unrecht ist, selbst wenn das Sie vernichten würde. Sie signalisierten mit Ihrer rückhaltlosen Unterwerfung gleichzeitig, daß Sie einen Anspruch darauf hätten, von ihr erhoben zu werden, zu avancieren, ein Teil der Autorität zu werden. Kann man das so sagen?

EICHMANN: Ich bin da nicht der nötige Fachmann, Frau Doktor, der diese Sachen erklären kann. Ich habe damals stur meinen Befehlen eben Gehorsam geleistet, und darin habe ich – meine Erfüllung gefunden.

SCHILCH: Auch wenn Ihnen ein Befehl ganz falsch schien oder Sie in Gewissenskonflikte brachte?

EICHMANN: Hatte ich ihn nicht zu deuten, hatte ich ihn auszuführen, denn die Verantwortung, das Gewissen, muß ja der Befehlsgeber haben, letztlich also die Staatsspitze. Wenn man mir um jene Zeit, in diesem, wie es hieß, Schicksalskampf des deutschen Volkes gesagt hätte: Dein Vater ist ein Verräter, also mein eigener Vater ist ein Verräter, und ich hätte ihn zu töten, hätte ich das auch getan.

SCHILCH: Hätten Sie da nicht Beweise verlangt?

EICHMANN: Hätte man zu dieser Zeit nicht gelten lassen, Frau Doktor, glaube ich nicht. Es war ja sogar verboten, einen Befehl zu begründen, selbst das war verboten.

SCHILCH: Sie meinen wirklich, Sie hätten auf Befehl Ihren Vater ebenso erschossen, wie Sie auf Befehl Juden nach Auschwitz transportieren ließen?

EICHMANN: Ich weiß das natürlich nicht hundertprozentig, Frau Doktor, hätte ich?, hätte ich nicht? – vielleicht hätte ich mir eine Kugel durch den Kopf geschossen –, das ist wahrscheinlich meine Schuld, daß ich das nicht getan habe. Aber diese Schuld konnte ich bis zum 8. Mai 1945 nicht erkennen. Ich weiß natürlich heute, daß ein solches Leben, eingespannt in Gehorsam, Befehle, Weisungen, ein sehr bequemes Leben ist.

SCHILCH: Bequem? War Ihr Leben bequem?

EICHMANN: Nicht im Sinne von faul, aber ich wußte, was mir erlaubt und was mir verboten ist, in diesen Grenzen konnte ich frei leben, nach diesen ganz klaren Richtlinien. Darüber wachte die SS- und Polizeigerichtsbarkeit.

SCHILCH: Wie haben Sie das Kriegsende aufgenommen?

EICHMANN: Ich wollte mich erschießen. Als ich zu Müller kam, Gruppenführer Müller, muß gewesen sein März 45 oder April, und er mir falsche Papier aushändigen wollte wie all den anderen, um unterzutauchen, verzichtete ich und sagte: Ich hab schon meinen Paß, Gruppenführer, und zeigte ihm meine Steyr-Armee-Pistole. Ich hatte an das alles ja geglaubt, und jetzt war alles, alles sinnlos gewesen. Und ich stand wieder da, gescheitert und zerstört in meinen menschlichen und beruflichen Grundlagen.

SCHILCH: Wurden Sie mit Ihrer Parteikarriere in der Familie anerkannt?

EICHMANN: Der Vater hat sich nicht geäußert, auch nicht negativ. Er frug mich mal, was ist das, Obersturmbannführer, und als ich ihm erklärte, Oberstleutnant rangmäßig, Polizeioberst, hat er zufrieden genickt. Was meine Dienstobliegenheiten wirklich waren, wußte niemand, denn ich war Geheimnisträger und hielt mich strikt daran. Man wußte im Reichssicherheitshauptamt, daß ich mit jüdischen Angelegenheiten zu tun hatte, mehr aber auch nicht.

SCHILCH: Ich merke, wieviel Ihnen daran lag, gerade dem Vater zu zeigen, daß Sie nicht das schwarze Schaf mehr waren, für das er Sie vielleicht mal gehalten hat, daß Sie mehr als andere leisten, die vielleicht studiert haben.

EICHMANN: Es ist, Frau Doktor, mir das nicht bewußt, er hat das nie in dieser Form gesagt, denn er war ein sehr gerechter Gott, bitte, ein sehr gerechtigkeitsliebender Mann, dem ich immer nacheiferte und auch litt, wenn mir das nicht gelang in der Schule oder Beruf.

SCHILCH: Ist an dem Gedanken etwas dran, daß Sie sich so begierig in eine Hierarchie von Befehl und Gehorsam eingliederten, eine Rangordnung, weil Ihnen das als Kind nicht recht gelungen war dem Vater gegenüber? – Was meinen Sie?

EICHMANN: Ich bin in diesen psychologischen Wissenschaften ganz unbeleckt, wie ich schon sagen durfte, glaube aber, daß es eher eine vorher unerkannte Begabung war, die mich in der Verwaltungsarbeit meine Erfüllung finden ließ und die dann schicksalsmäßig diesen furchtbaren Weg und dieses schreckliche Ende nahm, so daß ich nicht mehr weiterleben wollte.

SCHILCH: Sie sind dann aber doch noch mit falschen Papieren in amerikanische Gefangenschaft gegangen.

EICHMANN: Von Alt-Aussee, wo Kaltenbrunner über einer Patience saß und sagte: Na, Eichmann, ist nicht aufgegangen. Ich hatte noch im sogenannten Höllengebirge eine Verteidigungsstellung aufgebaut, wollte fallen, kam aber der Befehl: auf Amerikaner darf nicht mehr geschossen werden. Da habe ich noch jedem 5000 Mark ausgezahlt, die Kasse an Hunsche übergeben, Regierungsrat, und bin in Gefangenschaft, Hauptsturmführer Otto Eckmann. Es war ein Sichtreibenlassen, Weltuntergangsstimmung, geistiger Schock, führungslos, da keinerlei Befehle oder Weisungen mehr heranzuziehen waren. Es stürzte all das wie ein Kartenhaus auch innerlich in mir zusammen, was ich gestern noch anbetete.

6. Szene

Verhörraum.
Eichmann und Less. Übliche Bewachung.

Less: Wann haben Sie zum erstenmal das Wort Endlösung gehört?

Eichmann: Endlösung, Endlösung, ob das nun betreffs der physischen Endlösung geprägt wurde, ob das irgendwie übernommen wurde, Lösung, Endlösung, Gesamtlösung, Endlösung – das hängt für mich irgendwie, vermischt sich, was ich auf Anhieb weiß, mit dem Beginn des deutsch-russischen Krieges –

Less: Vor der Wannsee-Konferenz?

Eichmann: Jawohl, da wurde schon vorher getötet, in russischen Tankgräben zum Vernichten der Juden, wie mir Heydrich sagte, von Globocnigg, Brigade- oder Gruppenführer Globocnigg.

Less: Wann haben Sie davon gehört?

Eichmann: Das muß – im Juni, glaube ich, war der Kriegsbeginn, Juni oder Juli, und glaublich zwei Monate später oder auch drei, jedenfalls Spätsommer, wurde ich zu Heydrich befohlen. Meldete mich, und er sagte mir, mit einem kleinen Speech vorher, sagte: «Der Führer hat die physische Vernichtung der Juden befohlen.» Diesen Satz sagte er mir und machte, ganz gegen seine Gewohnheit, eine lange Pause. Da wußte ich Bescheid.

Less: Was haben Sie dazu gesagt?

Eichmann: Ich habe nichts gesagt, weil ich dazu nichts sagen konnte, denn an solche Sachen selbst hatte ich nie gedacht. Damit schwand auch alles bei mir, alle meine Arbeit, alles was ich aufgebaut hatte betreffs Auswanderung, Madagaskarplan, jüdisches Reservat im östlichen Generalgouvernement, da war ich gewissermaßen ausgeblasen.

Less: Die Auswanderung war von da an verboten?

Eichmann: Vom Führer verboten, jawohl. Und Heydrich

schickte mich, befahl mir also: Eichmann, fahren Sie rauf zu Globocnigg, Lublin, und sehen Sie sich an, wie weit er gekommen ist. Das werde ich nie vergessen, diese Sätze, und mag ich noch so alt werden, Herr Hauptmann.

Eine Wache bringt ihm eine angezündete Zigarette.

Danke, gracias. Wie befohlen, fuhr ich nach Lublin, suchte die Dienststelle des SS- und Polizeiführers Lublin auf, Globocnigg, ehemals Gauleiter von Wien, meldete mich, daß mich Heydrich geschickt habe, und Globocnigg ließ dann einen Sturmbannführer Höfle kommen, aus seinem Stab sicherlich, kannte den Mann nicht, und dann fuhren wir, ich weiß nicht mehr, wie diese Stelle heißt, ob das Treblinka hieß oder ob das anders hieß, ich kam hin und da war Waldähnliches –

LESS: Ja.

EICHMANN: Waldähnliche Sachen in einer Laubbaumzone, ziemlich dichten Laubbaumzäunen, größere Bäume, die so im, im vollen Schmuck ihrer Blätter waren, entsinne ich mich noch, und da bauten sie Holzhäuschen. Größe: vielleicht so wie ein Chalet von zwei bis drei Zimmern, nicht groß, und es begrüßte uns da ein Hauptmann der Schutzpolizei, der mir die Einrichtung erklären sollte. Er sprach irgendwie Dialekt aus der Südwestecke Deutschlands und sagte mir, wie er hier dies alles schön dicht gemacht hätte, daß da alles abgedichtet wäre. Denn hier würde eine, ein Motor eines russischen U-Bootes arbeiten, und die Gase dieses Motors würden hier hineingeführt werden, und dann würden die Juden vergiftet werden. Das war für mich auch ungeheuerlich.

LESS: Ja.

EICHMANN: Ich bin keine so robuste Natur, die, sagen wir mal, ohne irgendwelche Reagenz etwas über sich in dieser Art ergehen lassen kann.

Wenn ich heute eine klaffende Schnittwunde bei einem Menschen sehe, dann kann ich nicht zusehen, so daß man mir oft sagte, ich hätte kein Arzt werden dürfen.

LESS: Hm.

EICHMANN: Weil ich mir die Sache auch sofort, die Sache bildlich darstellte und irgendwie auch unsicher in meinem Gehaben wurde. Als ob ich irgendeine aufregende Sache hinter mir hätte, wie das schon mal vorkommt, daß man nachher wie ein leises inneres Zittern, oder so ähnlich möchte ich es ausdrücken, hat.

LESS: Das ist 1941 gewesen?

EICHMANN: Herbst 41. Da bin ich nämlich jetzt weitergeschickt worden nach Culm, Warthegau, oder war das –

LESS: Culbin?

EICHMANN: Culm, nach Culm.

LESS: Culm.

EICHMANN: Culm im Warthegau. Ich überlege nur, wann war das gewesen, Culm? Da bin ich nämlich von Gruppenführer Müller geschickt worden. War das auch Herbst 41 oder schon 42? Winter war's nicht, es war kein Schnee, muß aber auch um diese Anfangszeit gewesen sein, 41 glaublich, war schon kalt, jedenfalls, bekam Befehl von Müller, der mir's nicht so kraß sagte wie Heydrich, nicht in dieser nackten, brutalen Form. Hätte ein Müller nie getan. Er hat mir ungefähr so gesagt: «Dort ist eine Juden-Aktion im Gange, Eichmann. Fahren Sie runter, will wissen, was da vorgeht. Berichten Sie mir.» Bin runtergefahren, melde mich bei der Stapoleit Litzmannstadt und wird mir ein Beamter mitgegeben nach diesem Culm. Wer, weiß ich nicht mehr, ich weiß bloß noch, daß ich das erste Mal, daß ich folgendes gesehen habe: Einen Raum, vielleicht fünfmal so groß wie dieser hier, kann auch viermal so groß gewesen sein. Da waren Juden drin, die mußten sich ausziehen, dann fuhr ein Lastwagen vor, gewissermaßen bis an eine Rampe ran. Da mußten jetzt die nackten Juden hereingehen. Dann wurde der Wagen zugemacht, und er fuhr los.

LESS: Wie viele Menschen faßte der Wagen?

EICHMANN: Ich habe nicht zusehen können, ich habe nicht hingeschaut. Ich konnte es nicht, nicht, mir hat es genügt. Das Schreien und, und ich war hier viel zu erregt gewesen und so weiter. Ich weiß nur noch, daß ein Arzt dort, in einem weißen Kittel, mir sagte, ich soll durch das Guckloch schauen, wie sie im Wagen drin waren. Das habe ich abgelehnt. Ich konnte nicht.

LESS: Welche Aufgabe hatte der Arzt?

EICHMANN: Ob der zur Kontrolle oder wissenschaftlich war? Ich weiß es nicht, weiß nicht. Ich fuhr dann dem Wagen nach, sicher mit einem, der den Weg gewußt hat, und da sah ich das Entsetzlichste, was ich in meinem Leben bis dahin gesehen hatte.

Der Wagen fuhr an eine längliche Grube, die Türen wurden aufgemacht und die Leichen wurden herausgeworfen, als ob sie noch lebten, so geschmeidig waren die Glieder. Wurden reingeworfen, ich sehe da noch, wie ein Zivilist mit einer Zange Zähne rauszieht, und dann bin ich abgehauen. Bin in den Wagen und bin weg. Seit der Zeit konnte ich mit dem Wagen stundenlang neben dem Fahrer sitzen, ohne ein Wort zu sprechen. Da war ich bedient. Da war ich fertig. Ich konnte nichts mehr sagen. Das habe ich auch Gruppenführer Müller gesagt. Sagte ihm genau dasselbe. Fürchterlich, sag ich, das Inferno kann nicht, es ist, ich kann das nicht, hab ich ihm gesagt.

LESS: Was sagte Müller?

EICHMANN: Müller pflegte nie etwas zu sagen, nie, nicht in diesen Sachen, auch nicht in anderen Sachen. Sagte ja oder nein oder, wenn er weder ja noch nein sagte, dann pflegte er meistens zu sagen: «Kamerad Eichmann.» Das war, wußte ich, nicht ja und nicht nein. Er war wortkarg. Müller wollte vor allen Dingen auch die Zeit wissen, wie lange es dauert. Ich konnte ihm die Zeit nicht sagen, ich hab's nicht, ich hab's nicht, ich hab's nicht hören können. Ich war abseitig, ich konnte es nicht.

LESS: Wo sind Sie noch gewesen?

EICHMANN: Ich überlege gerade, Herr Hauptmann, das erste war Globocnigg, ob das Treblinka war, ich bin nämlich dort noch ein anderes Mal hingeschickt worden, also Globocnigg Nummer eins, dann Culm, dann Auschwitz,

Auschwitz und dann bin ich nach Treblinka geschickt worden, dann diese Doppelstadt, war eine Doppelschlacht irgendwie gewesen, Minsk – Minsk?

LESS: Minsk-Bialystok?

EICHMANN: Ja, ja, ja, und Minsk-Bialystok, sonst war, glaub ich, nichts, ja und Lemberg, diese sechs Sachen.

LESS: Waren das nur informative Reisen oder hatten Sie eine spezielle Aufgabe dabei?

EICHMANN: Keine Aufgabe, keine Aufgabe. Ich hatte weder eine Anordnung zu geben noch eine entgegenzunehmen, noch irgend etwas. Reine Information. Ich hatte einmal ein, ein Schreiben an Globocnigg zu überbringen, das war das zweite Mal, daß er berechtigt sei, 150000 oder waren das 250000, der Endlösung zuzuführen, entsinne ich mich noch, die waren schon tot, die mußten befehlsmäßig abgedeckt werden, wunderte ich mich noch über diese, diese Schlamperei und Unkorrektheit. Aber Weisung, wer etwa zu vergasen ist, ob aufgehört werden darf oder kann, ob angefangen werden muß, ob verstärkt werden muß, da hatte ich nie, nie, nie, nie etwas damit zu tun, Herr Hauptmann. Wer das behauptet, wie das die Presse geschrieben hat, der Mann hat keine Ahnung von Behördenarbeit.

LESS: Was war die Aufgabe Ihrer Behörde in dem Rahmen der Vernichtung?

EICHMANN: Die Evakuierung. Evakuierung, Berichterstattung und Fahrplangestaltung.

Das Telefon läutet. Eichmann schaut irritiert. Less nimmt den Hörer. Die Wache steht auf.

LESS *sagt einen kurzen hebräischen Satz*: Ken ot meat.

Das Telefon scheint unterbrochen.

Ich habe nicht genau verstanden, etwas mit Ihrer Essenszeit heute. Wir wollen dann vertagen.

Less steht auf. Eichmann steht auf.

EICHMANN: Nein, Herr Hauptmann, auf mich braucht Herr Hauptmann keine Rücksicht zu nehmen.

Es kommen zwei Zivilisten herein, die in Eichmanns Richtung gehen, danach der Gefängnisdirektor.

OFER: Früher als vorgesehen, Herr Eichmann. Wir machen heute Schluß. Auf richterliche Anordnung –

EICHMANN *weicht zurück*: Nein! Nein! Ich habe doch, Herr Hauptmann, noch so viel zu sagen!

Eine Wache bringt das Essen.

OFER: Auf Anordnung des Justizministers soll der Haftrichter mit Ihnen heute die Frage Ihrer Verteidigung besprechen. Wir haben Ihre Essenszeit deshalb vorverlegt. Hammelfleisch mit grünen Bohnen. Es ist freigegeben.

EICHMANN: Ich möchte gegenwärtig, wenn das möglich ist, nicht essen oder später kalt, weil ich noch den Zahnarzt erwarte, der an meiner Prothese etwas richten sollte, was abgebrochen ist, es schieben sich besonders immer wieder Fleischfasern –

Ich würde das Gespräch mit Herrn Hauptmann deshalb auch gern fortsetzen –

OFER: Der Zahnarzt ist bestellt.

EICHMANN: Jawohl.

Der Gefängnisdirektor, die Zivilisten und die Wache mit dem Essen ab.

LESS: Wir werden abbrechen, denke ich, ich merke, daß Sie das alles doch ziemlich... Besser vielleicht, Sie machen sich Notizen oder ein schriftliches Resümee dazu.

EICHMANN: Wenn es Ihnen konveniert, ich möchte lieber sprechen. Es war, daß mir soeben doch die Nerven – ich bitte um Entschuldigung, obwohl ich den Tod nicht fürchte, ich sowieso nach all diesen Sachen mit ihm zu rechnen habe, war mir der Moment, zur Gänze unvorbereitet, unpassend erschienen. Es war mir nie schwer, Herr Hauptmann, dem Tod ins Auge zu sehen, ob als Selbstmord oder sonstwie und weiß bis heute nicht, warum ich die Kapsel nicht zerbiß, die man mir gab für den Fall, sondern in die Latrine warf in amerikanischer Gefangenschaft.

LESS: Von seiten der SS gab?

EICHMANN: Jawohl. Als Kaltenbrunner vor seiner ewigen Patience saß in Aussee, Nähe Bad Aussee, und jedem das aushändigte. Wär mir nie, nie schwergefallen, denn im Grunde, Herr Hauptmann, ich liebe das Leben nicht.

LESS: Niemals oder in Ihrer jetzigen Lage?

EICHMANN: Es ist mir mehr ein Pflichtgefühl zu leben, in dieser kosmischen Weltordnung, daß man nicht selbst Hand anlegen – als Stäubchen in diesem Kosmos. Ich saß in meinem Topolino in Tirol bei einem Luftangriff auf das Werk, das schweres Wasser herstellte, blieb im Auto sitzen, suchte vielleicht den Tod, da hatte das Schicksal entschieden, als ich in diesem schweren Bombardement am Leben blieb, nicht einmal das Auto beschädigt wurde. Ich war in meinem ganzen Leben schicksalsgläubig.

LESS: Das ist eine angenehme Philosophie, insofern sie einem alles abnimmt.

EICHMANN: No, no, no, ich bin innerlich bereit, auch persönlich für das furchtbare Geschehen zu sühnen. Schon im Jänner des Jahres wurde mir gesagt, daß ich noch dieses Jahr vor Gericht stehen werde. Genauso wie man mir sagte, daß ich das nächste Lebensjahr nicht überleben werde. Das eine ist schon eingetreten, das andere, glaube ich, unverrückbar. Es prophezeite mir dies eine argentinische Zigeunerin, die das zweite Gesicht hatte.

LESS: Es wird Ihnen der Satz zugeschrieben bei Kriegsende, Sie würden freudig in die Grube springen in dem Gefühl, fünf Millionen Reichsfeinde mitgenommen zu haben. Stimmt das?

EICHMANN: Das sind dann diese Anekdoten oder Journalistensachen. Es kann auch sein, daß ich das oder ähnliches in der Rage wirklich mal gesagt habe zu meinen Offizieren, denn die Welt, wie ich sie sah, das Reich, die Weltordnung und in mir ein Weh, eine Verzweiflung, das war ein Scherbenhaufen. Ich habe niemanden getötet und das auch niemandem befohlen.

LESS: Das haben Sie mehrfach gesagt.

EICHMANN: Ich habe nach den Gesetzen und Befehlen ge-

lebt, die für mich und andere galten, fürchterlicherweise galten, wie ich heute sagen muß, Herr Hauptmann. Ich habe mich als Offizier in derselben Lage befunden wie meinetwegen ein Geschwaderkommandeur der Air Force, der Hamburg oder Berlin oder Dresden einäschert und auch nichts machen kann als Rädchen im Befehlsgetriebe.
Lichtwechsel.

7. Szene

Nacheinander erhellen sich schattenlos Kammern, in denen auf Ähnlichkeiten verwiesen wird.

Eine Atombombenexplosion entfaltet sich groß, in schönen Farben und geräuschlos. Es folgen ihr andere Filmsequenzen von Atomexplosionen, delikat anzusehen. Der Film ist über die ganze Szene hin zu sehen.

a

Misio Kamaguchi: Seit ich als strahlenkrank evakuiert wurde, unheilbar, lebe ich in einem Hühnerstall an diesem Berghang. Von meiner Matte aus beobachte ich Jahr um Jahr das sich neu belebende Nagasaki unter mir.
Ich lebe von den Eiern der Hühner, und wenn ein Huhn stirbt, esse ich sein Fleisch. Die Entschädigungszahlung für die Bombenopfer habe ich nicht angenommen, und ich gehe nicht mehr in das Krankenhaus, das meine fortschreitende Strahlenkrankheit erforscht und mir nicht helfen kann.
Ich ziehe keine neuen Kleider an, wegen der Schmerzen wasche ich mich selten, ich streiche mich mit weißer Salbe ein. Wenn ich von Leuten besucht werde, die einen Augenzeugen hören wollen, berichte ich meine Wahrnehmungen am Tage des Bombenabwurfs am 9. August und von den Tagen danach, als ich in Nagasaki herumkroch, um meine Mutter zu suchen, die unauffindbar blieb.
Sie setzt sich auf den Boden und wiegt den Oberkörper vor und zurück.
Ich versuche den Empfindungen der Leute nachzugehen, die diese Bomben gemacht haben.
Ich versuche den Empfindungen der Leute nachzugehen, die ihren Abwurf beschlossen haben.

Ich versuche den Empfindungen der Leute nachzugehen, die sie abwarfen.
Sie steht auf, sie hebt die Arme, sie wirft den Kopf mit flehender Gebärde nach hinten, sie richtet den Blick nach oben und sagt über eine längere Zeit hin leise und schmerzlich «Ah!» und «Oh!»
Ich versuche zu empfinden, wie die Bombe auf Nagasaki fällt.
Der augenblendende Blitz, das anhaltend dunkle Donnern, der Feuersturm, die blicklose Nacht.
Die Schmerzenslaute der brennenden Kinder, die Unbeweglichkeit der Toten, von der Bombe an die Wände ihrer Häuser gemalt.
Ihr Körper führt kleine drehende Bewegungen aus, auf ihrem Gesicht der Ausdruck intensiven Schmerzes, sie stößt eine Klage aus, eine Art von Klagegesang zu tanzartigen Bewegungen.

b

AMERIKANISCHER EXPERTE: Wenn ich die Wahl hätte, von einer schmutzigen A-Bombe oder einer sauberen Neutronenbombe getötet zu werden, ich würde mich bestimmt für die Neutronenbombe entscheiden.

c

Die amerikanische Fernsehgesellschaft CBS dreht einen Manöverfilm mit dem Titel: Das nukleare Schlachtfeld. The defence of the United States. The nuclear Battlefield.
Kamera, Ton, Licht, Regie.

REGISSEUR: Wir gehen das noch mal durch, Probe, Ton ab, Kamera ab.

REPORTERIN, *eine Busenschönheit*: Dies ist die traditionelle Einfallstraße zwischen Ost- und Westdeutschland. Sie heißt Fuldatal. Hier könnte der dritte Weltkrieg beginnen. 60 Meilen von der tschechischen Grenze.
Die Ausgangslage des Manövers der US-Army im letzten Winter ist: Das hessische Dorf Hattenbach ist zerstört. Amerikanische Einheiten haben bei einem sowjetischen Angriff Atomraketen eingesetzt.

REGISSEUR: Hier kommt der Raketenstart hinein, Bild, Ton, Archiv, Kamera auf die Sprecherin.

REPORTERIN: Es mag überraschend sein, daß die Vereinigten Staaten fast genausoviel atomare Sprengköpfe in Übersee gelagert haben wie zu Hause. Ungefähr achttausend amerikanische Atomwaffen sind über den Globus verstreut. Das Übungsschießen wird in Amerika durchgeführt, New Mexico, weil Europa einfach zu bevölkert ist.

REGISSEUR: Stopp. Unterbruch Pershing-Raketenstart, Archivaufnahme. Sprecherin dazu off.

REPORTERIN: Dies ist eine Pershing-Rakete, Reichweite 400 Meilen, ihre Sprengwirkung ist dreißigmal so groß wie die der Hiroshima-Bombe. Es ist eine Waffe, die wirklich international beeindruckt.

REGISSEUR: Danke. Wir machen jetzt die Statements Major Kelly und Brigadegeneral Niles J. Fulwyler wie besprochen.
Kelly und Fulwyler kommen, Kamera, Ton und Licht.
Kamera auf Kelly. 22, 3, die erste. Bitte.

REPORTERIN: Major Kelly ist einer der Ausbildungsoffiziere an der Stabsschule in Ford Leavenworth. Er lehrt die Taktik für den gleichzeitigen konventionellen und atomaren Krieg, der in diesem Jahr für die Armee entwickelt wurde.

MAJOR KELLY: Wenn wir mit konventionellen Kriegstechniken anfingen und uns erst später für Atomwaffen entscheiden würden, dann müßten wir bestimmte Funknetze einschalten, wir müßten uns anders verteilen usw. und so weiter, das wäre ein klares Signal für die Sowjets, daß wir Atomwaffen einsetzen wollen. Gerade das müssen wir aber vermeiden. Wir müssen uns taktisch in die Lage bringen, nuklear oder chemisch oder konventionell vorgehen zu können, gegebenenfalls auch alles gleichzeitig, ohne daß die Sowjets einen Hinweis kriegen.

REGISSEUR: Danke. General Fulwyler bitte, Liza.

REPORTERIN: General Fulwyler, wenn Sie als kommandierender General der nuklearen und chemischen Waffen zu Beginn des Kampfes kleinere Atomwaffen einsetzen, sagen wir die Howitzers, die, glaube ich, neun Meilen oder so reichen, wie vermeiden Sie in dem Durcheinander der Schlacht, daß Sie Ihre eigenen Truppen treffen?

GENERAL FULWYLER: Ja, Liza, das ist ein Problem, ich nenne das eine der Realitäten unseres modernen integrierten Schlachtfeldes. Weil unsere Truppen in ein nukleares Kreuzfeuer geraten könnten, bilden wir sie routinemäßig zum Überleben auf dem integrierten Schlachtfeld aus.

Die Kamera geht auf Major Kelly.

MAJOR KELLY: Ich sage zu meinen Leuten: Ihr seht den Blitz und fangt an zu zählen. Eins eintausend, zwei eintausend, drei eintausend. Und ihr schätzt die Zeit, die der Knall braucht, um euch zu erreichen.

REPORTERIN: Ist es realistisch zu glauben, daß jemand zu zählen anfängt, wenn er den Feuerball sieht, Major Kelly?

MAJOR KELLY *lacht*: Ja. Ein wirkliches Weltproblem, bestimmt. Wir gleichen das aus, Liza, indem wir jemanden bestimmen, der zählt, und hoffen, daß die meisten in Deckung gehen. Bei der Übung im Wintermanöver sollte die Zündung eine Überraschung sein, wie bei einem wirklichen sowjetischen Angriff. Wir machten das mit einem alten Ölfaß, geladen mit TNT und Chemikalien, die eine symbolische Pilzwolke erzeugten. Falls Sie das nicht mitbekommen haben, sagte ich zu einem Panzerkommandanten, das war eine Atomexplosion. Okay macht euern Panzer zu, ihr seid tot. Macht euern Panzer zu. ALPHA 3 null.

REPORTERIN *zu General Fulwyler*: Welchen Prozentsatz an Verlusten erwarten Sie auf dem atomaren Schlachtfeld, Sir?

GENERAL FULWYLER: Eine der Realitäten ist, wissen Sie, daß da ganze Einheiten in einem Augenblick verschwinden können, aber es geht darum, daß wir zum erstenmal die Taktik entwickeln, die für einen Atomkrieg auf einem Schlachtfeld gebraucht wird, das Europa heißt.

MAJOR KELLY: Das Dumme ist, daß deutsche Städte nur Zwei-Kilo-Tonnen auseinanderliegen. Schon ein nuklearer Sprengkopf einer Kleinrakete könnte eine Reihe von Städten gleichzeitig vernichten.

GENERAL FULWYLER: Na ja, es gibt einige Leute, die unabhängig von den Städten oder so was glauben, daß es unmöglich wäre, einen nuklearen Krieg hier zu führen. Ganz Mitteleuropa ist nicht so groß wie Texas, und es gibt keine freien Räume. Wenn die Sowjets Atomwaffen auf Brüssel schießen, würde Antwerpen flach gelegt. Wenn sie Den Haag angreifen, könnte man Rotterdam abschreiben. Und wenn sie auf Bonn zielen, könnte Kiel zerstört werden. Das sind wirkliche Probleme in diesem engen Europa. Wegen der Wirkung der Strahlung auf einem dichtbevölkerten Schlachtfeld wie Westdeutschland müssen unsere Truppen auch alle befreundeten Streitkräfte warnen, die im Wege sind.
Wenn wir die Strahlung überleben, werden wahrscheinlich auch alle Funkgeräte überleben. Wir werden vermutlich dauernd angerufen und hören: Hallo, Kumpels, ich bin noch hier, und ich atme noch.
Er lacht.

d

Gespräch mit Captain Weiss, 36 Jahre, Special Air Command, Luftbasis T., Thailand. Die Reporterin ist eine junge Frau.

REPORTERIN: Captain Weiss, Sie sind der Kommandant dieser B-52, wie ist Ihr Dienst, wie oft fliegen Sie nach Vietnam?

CAPTAIN WEISS: Gegenwärtig dreimal wöchentlich und jeden zweiten Sonntag.

REPORTERIN: Was ist Ihre militärische Aufgabe?

CAPTAIN: Die Bomben ins Ziel zu bringen und wieder nach Hause zu kommen natürlich.

REPORTERIN: Wieviel trägt eine B-52?

CAPTAIN: Sie wissen, die Maschine wurde für nukleare Waffen entwickelt und wir auch, wir flogen einige Jahre mit diesen großen Koffern herum. Es zeigte sich aber, daß sie auch für konventionelle Aufgaben hervorragend ist. Wir bringen 150 Bomben unter, das entspricht einer Sprenglast von 45 Tonnen.

REPORTERIN: Was bombardieren Sie? Welche Art von Zielen?

CAPTAIN: Wir bombardieren die Ziele, die uns angegeben werden, strategische Ziele. Wir kriegen die Ziele, wir tragen sie in unsere Karten ein, und wir tun die Arbeit, die unsere Befehle vorschreiben. Was das für Ziele im einzelnen sind, ich kriege sie nicht zu sehen. Wir fliegen so hoch, daß wir sie nicht zu sehen kriegen. Wir erfahren über Funk, ob unsere Bomben ordnungsgemäß im Zielgebiet explodiert sind. Das ist die Aufgabe der Luftspäher.

REPORTERIN: Kann es sein, daß sich unter Ihren Zielen auch rein zivile befunden haben?

CAPTAIN: Ich glaube nicht, daß man das tatsächlich heute noch trennen kann, wir bombardieren große Flächen.

REPORTERIN: Würden Sie zivile Ziele beunruhigen?

CAPTAIN: Ich habe nicht darüber nachgedacht, es ist nicht

meine Sache, ich bin der Captain dieser B-52, der seine Arbeit macht. Es ist viel Routine.

REPORTERIN: Wie lange sind Sie jetzt hier in Thailand?

CAPTAIN: Zehn Monate.

REPORTERIN: Wann werden Sie zurückgehen?

CAPTAIN: Sobald ich befördert worden bin. Ich denke, es soll jeder seine Chance haben.

REPORTERIN: Hatten Sie bei irgendeinem Ihrer Einsätze moralische Probleme?

CAPTAIN: Wir haben immer sehr aufgepaßt, keinen Fehler zu machen. Wir sind, ich glaube, eine ziemlich gute Crew.

e

Lichtkammer.
Vortrag des Genetikers H. B. Glass: Endless horizons or golden age? –

In einer Welt, in der man die Nachkommenschaft eines jeden Paares auf höchstens zwei beschränken muß, wäre als vorrangiges Recht nicht das auf Fortpflanzung anzusehen, sondern das Recht eines jeden Kindes, mit einer gesunden körperlichen und geistigen Konstitution geboren zu werden, die auf einen gesunden Genotyp gegründet ist. In jener Zukunft werden Eltern nicht das Recht haben, der Gesellschaft mißgebildete oder geistig behinderte Kinder aufzubürden. Es muß ein Mensch geschaffen werden, der seine gegenwärtige Natur überwindet.

Es ist durchaus möglich, daß wir angesichts der gegenwärtig immer noch zunehmenden Verseuchung des menschlichen Genpools durch unkontrollierte geschlechtliche Vermehrung eines Tages gesunde Menschen «kopieren» müssen, um für die Verbreitung von Erbkrankheiten einen Ausgleich zu schaffen und die positiven Faktoren zu verstärken, die bei der gewöhnlichen

Vermehrung aus nicht näher bekanntem Zellmaterial verfügbar sind.
Ich würde vorschlagen, daß man erstklassige Soldaten und Wissenschaftler klont oder auf andere genetische Arten solche Menschen schafft, wenn sie dazu gebraucht werden, eine Gegenkraft gegen ein von anderen Klonern ins Leben gerufenes elitäres oder der Unterjochung dienendes Programm zur Erringung der Macht zu schaffen – eine Situation, die wahrlich an Science-fiction erinnert, aber durchaus vorstellbar ist.

8. Szene

Verhörraum.
Eichmann und Less. Bewachung.

Less: Sie wollten von Ihren Besuchen in den Vernichtungslagern sprechen, Herr Eichmann.

Eichmann: Jawohl, jawohl. Als drittes – wie gesagt – Minsk-Bialystok. Müller sagte mir: «In Minsk werden Juden erschossen, möchte Bericht haben, wie das vor sich geht.» Daraufhin bin ich nach Minsk gefahren, zuerst nach Bialystok und dann nach Minsk, meldete mich beim Befehlshaber der Sicherheitspolizei, daß ich Befehl habe, das anzusehen, um Gruppenführer Müller zu berichten, und blieb über Nacht in dieser Stadt. Am nächsten Tag kam ich zu dieser – hin, kam aber zu spät hin. Denn an diesem Vormittag war die Sache schon vorbei, fast vorbei – worüber ich heilfroh gewesen bin. Als ich hinkam, sah ich gerade noch, wie junge Schützen, Totenkopf auf den Spiegeln, entsinne ich mich noch, hier in eine Grube schossen, die, sagen wir mal, so groß war wie dieses Zimmer, vielleicht auch sechs- bis siebenmal. Meine Orientierung ist unverläßlich, weil ich die Sache nur gesehen habe, ohne Gedanken, ohne mir irgendwelche Gedanken zu machen. Ich habe nur gesehen, weiter nichts. Schossen hinein, und ich sehe noch eine Frau, Arme nach rückwärts, da sind mir die Knie abgewankt, und ich bin weg.

Less: Sie haben nicht in den Graben hineingeschaut?

Eichmann: So – ich stand hier, dort wurde geschossen, ich sehe das und bin weg, bin weg zu –

Less: Der Graben war voll?

Eichmann: Bitte?

Less: Der Graben war voll mit Leichen?

Eichmann: Der war voll. Der war voll. Bin weg zu meinem Wagen, eingestiegen und losgefahren, bin nach Lemberg gefahren, hatte keinen Befehl nach Lemberg, die Route scheint über Lemberg gegangen zu sein, und sehe dort das erste freundliche Bild nach all dem Fürchterlichen wieder. Das war das Bahnhofsgebäude, das zur Erinnerung des sechzigjährigen Regierungsjubiläums Kaiser Franz-Josefs errichtet wurde. Und nach dem ich persönlich sehr schwelge für diese franz-josefinische Zeit, weil ich in meinem Elternhaus zu viel Nettes über diese Zeit gehört habe – meine Verwandten der zweiten Mutter haben in dieser Zeit ja, sagen wir mal, haben einen schönen gesellschaftlichen Stand gehabt, Geld gestrichen – das verscheuchte mir zum erstenmal mit diesen eingemauerten Jubiläumszahlen am Bahnhofsgebäude diese fürchterlichen Gedanken, die mich wieder nicht losließen von Minsk. Ich komme hin.

LESS: Lemberg?

EICHMANN: Lemberg, besuche dort die Stapoleitstelle, bitte, vielleicht habe ich auch Befehl gehabt oder bin aus Neugier dorthin und sage dem Leiter: «Ja, sag ich ihm, das ist ja entsetzlich, was da gemacht wird», sag ich, «da werden ja die jungen Leute zu Sadisten erzogen. Einfach dahier hineinknallen auf Frauen und Kinder. Unsere eigenen Leute. Wie kann man denn?» – «Ja», sagte er zu mir, «hier wird's genauso gemacht, auch geschossen. Wollen Sie mal sehen? Wollen Sie mal sehen?»

Sage ich: «Nein, ich will gar nichts sehen.» Sagte er: «Wir fahren sowieso vorbei.» Da war eine Grube gewesen, die war aber schon zu. Da quoll wie ein Geysir ein Blut – wie soll ich sagen, ein Blutstrahl heraus. Das hat mir wieder gereicht, ich bin nach Berlin gefahren und habe das Gruppenführer Müller berichtet.

LESS: Was haben Sie ihm gesagt?

EICHMANN: «Das ist keine Lösung der Judenfrage, das ist keine Lösung. Von allem abgesehen», sag ich, «erziehen wir unsere Leute obendrein zu Sadisten, wir brauchen uns gar nicht wundern, wenn das lauter Verbrecher werden, lauter Verbrecher.»

LESS: Und Müller?

EICHMANN: Hat mich angesehen mit einer Miene, von der ich las: Eichmann hat recht, ist keine Lösung. Aber er konnte auch nichts machen, auch Müller nicht, war Befehl gewesen.

LESS: Von wem war das befohlen?

EICHMANN: Befohlen, selbstverständlich, hat's der Chef der Sicherheitspolizei und des SD, Heydrich, der aber seine Weisungen, ganz klar, vom Reichsführer SS gehabt haben muß, also Himmler, und der wiederum von Hitler ausdrückliche Weisung, denn sonst, wenn nicht, wäre er ja doch, wäre er ja doch mit Bomben und Granaten irgendwo abgesaust.

LESS: Hat Müller Sie nicht gefragt, wie man das besser lösen könnte?

EICHMANN: Nein, Herr Hauptmann. Da ja auch Müller nichts damit zu tun hatte. Wir hatten nie, nie, nie etwas mit der Tötung zu tun, wir hatten mit der Konzentrierung zu tun und daß die Züge bereitgestellt wurden, daß sie dorthin kamen, wo es befohlen war.

LESS: In die Gaskammern der Vernichtungslager!

EICHMANN: Es wurde ja nicht alles getötet, Herr Hauptmann, was arbeitsfähig war, zur Arbeit.

LESS *schreit*: Halten Sie Ihren Mund! Halten Sie Ihren Mund! Halten Sie Ihren Mund! – Entschuldigung, meine Familie – Entschuldigung.

EICHMANN: Schrecklich! Es ist das alles doch ganz schrecklich! –

LESS: Sie lügen! Sie heucheln! Sie winden sich heraus! Wenn es nach Ihnen ginge, dann wäre niemand, niemand, dann wäre nur Hitler zur Verantwortung zu ziehen und der hat sich vergiftet!

EICHMANN: Ich lüge nicht, ich heuchle nicht, ich winde mich nicht heraus! Wenn ich hier Rede und Antwort stehe, so einzig um der Wahrheitsfindung willen. Verantwortung und Gewissen hat die befehlsgebende Ebene, die Einfluß auf die Befehlsgebung hatte, aufwärts vom General.

LESS: Entschuldigen Sie nochmals, es waren die persönlichen Sachen. – Wenn Sie mit Ihrer Schilderung fortfahren wollen.

EICHMANN: Wenn ich fragen darf, woher Sie kommen, Herr Hauptmann? Ich dachte so etwas herauszuhören, vielleicht Berlin?

LESS: Berlin-Wilmersdorf, Pragerstraße IV B 4, so quasi um die Ecke.

EICHMANN: Wann wurde von Berlin aus abgefahren? Es ist ja viel auch ausgewandert.

LESS: Ja.

EICHMANN: Das müßte so zu Mitte 42 gewesen sein, nach der Wannsee-Konferenz jedenfalls.

LESS: Die Transporte aus Berlin gingen im Oktober und November 1941 nach Lodz, Minsk, Kowno und Riga. Mein Vater wurde mit dem letzten Transport aus Berlin im Januar 43 deportiert.

EICHMANN: Wenn man sich hier jetzt gegenübersitzt: Entsetzlich. – Wenn ich mir erlauben darf, wie haben Sie selbst überlebt?

LESS: Ich flüchtete als junger Mann nach Frankreich und wurde dort Damenfriseur. Ehe ich nach Palästina kam und hier Polizist wurde. Ich fühle mich noch heute schuldig, überlebt zu haben. Obwohl gerade ich das Unglück anziehe eigentlich.

EICHMANN: Es ist das Geheimnis wahrscheinlich, Herr Hauptmann, daß man sich nicht kennt. Die jeweils nun anderen, will ich sagen, weil das sonst nicht möglich wäre, daß jeder irgendwie doch funktioniert unter Befehl und Eid stehend.

LESS: Wenn Sie mit der Schilderung Ihrer Funktion dabei fortfahren wollen!

EICHMANN: Was ich Herrn Hauptmann erklären wollte, ich war immer in der Exekutive gewesen, in einem Befehlsgang, immer ausführend, nie in der Legislative, auch ein Amt war ich nie gewesen, nie, nie, nie, da hätte ich erstens mal einen ganz anderen Dienstgrad haben müssen. War ja seit 1941 auf dem Obersturmbannführer sitzengeblieben und wollte an die Front, weil ich mir dachte in meinem Sinn, da wird der Standartenführer schneller fallen.

LESS: Hatte Höss einen höheren Dienstrang?

EICHMANN: Auch Höss war Exekutive, auch Obersturmbannführer, auch ausführendes Organ, aber die KL waren Verantwortlichkeit Pohl, Gruppenführer, schon ganz anderes Hauptamt wieder, Verwaltungs- und Wirtschaftshauptamt, hatte ich nie damit zu tun.

LESS: Warum hat man Sie dann da überall hingeschickt?

EICHMANN: Weil Müller Bescheid wissen wollte, auch Auschwitz wollte er wissen. Ich bat ihn noch: «Schicken Sie doch jemand anderen hin. Jemand robusteren. Es gibt doch genügend andere, die das sehen können, die nicht aus den Latschen kippen. Ich kann's nicht sehen, ich kann in der Nacht nicht schlafen, ich träume, ich kann's nicht, Gruppenführer. Ich bitte Sie, mich an die Front zu schicken.» Wurde aber nicht gemacht.

LESS: So mußten Sie wieder nach Auschwitz?

EICHMANN: Bekam die Befehle, jawohl.

LESS: Wie oft waren Sie in Auschwitz?

EICHMANN: Glaublich zwei-, nein dreimal, 1941 und 1944, zweimal 1944, nicht um in erster Linie nun das dort zu sehen, später, sondern erhielt Fernschreiben Müller, es seien dort Erweiterungsbauten im Gange, ich solle ihm darüber berichten.

LESS: Haben Sie die Anlagen besichtigt?

EICHMANN: Nicht die Vergasung, hatte ich kein Verlangen. Ich hatte die paarmal in der Kommandantur, gleich beim Haupteingang, zu tun, und einmal fuhr mich Höss in einem Kübelwagen, einem Geländewagen in irgendeinen Teil, ich kenne mich in Auschwitz nicht aus, sah große Gebäude, große Gebäude, das ist schon fabrikmäßig gewesen, der Riesenschornstein – und da sagte mir Höss: «Ja», sagte er, «da ist Kapazität 10000.» Ich habe mir die Sache der Vergasung nicht angesehen. Konnte ich nicht. Denn ich wäre aus den Latschen gekippt wieder oder wäre mir schlecht geworden. Und ich dachte schon, na, bin ich wieder mal so davongekommen, da fährt er mich an einen großen, großen Graben, der war sehr groß gewesen, sehr groß, ich kann's nicht sagen – vielleicht 150 Meter lang, vielleicht auch 180 Meter, aber sehr groß war der Graben. Und da war ein riesiger Rost gewesen, ein Eisenrost, und darauf brannten Leichen. Da ist mir schlecht geworden, und Höss machte so eine Miene, denn die Leute machten sich natürlich einen Tort daraus, einem Menschen, der vom Schreibtisch kommt, die Sache so grausig wie möglich zu vermitteln und freuten sich, wenn man nervlich eben nicht diese Haltung wie sie aufbrachte.

LESS: Ja.

EICHMANN: Höss sagte mir, daß sich auch Himmler das alles angesehen hätte, genau angesehen, daß er da auch in den Knien weich geworden wäre. Er meinte das in einem abfälligen Sinne – denn er war sehr abgehärtet gewesen, Höss. Das habe ich wieder Müller berichtet.

LESS: In welchem Jahr war das?

EICHMANN: Das war 1944, zur Zeit der ungarischen Angelegenheit – da hat die ungarische Gendarmerie, ich komme später drauf, die diese Aktion, sagen wir mal, handgreiflich leitete, teilweise arg gewütet, indem sie sich nicht an die Vorschriften hielt und einfach Greise und Kinder alles mit hineinstopfte. Wo es dann wieder Krach gab mit dem Wirtschafts- und Verwaltungshauptamt, zuständigkeitshalber, weil sich Höss beim Reichsführer beschwert hatte, daß alles drunter und drüber ging, so daß Müller Bericht haben wollte, soll Eichmann sehen, wo der Hase im Pfeffer liegt. Das war ein geflügeltes Wort von ihm gewesen.

LESS: Was haben Sie Müller berichtet?

EICHMANN: Ich sagte Müller, sagte ich: «Warum muß denn das sein? Deutschland ist doch groß genug. Wenn schon die Juden hereinsollen aus Ungarn, es ist doch überall Arbeitermangel, das muß doch nicht sein. Muß das alles so sein?»

LESS: Womit wurde in Auschwitz getötet?

EICHMANN: Mit diesen diesen Pappdeckeln, ach ja, hat man mir in Treblinka gezeigt, wie ich das zweite Mal zu Globocnigg gefahren, diese fürchterlichste Sache, eine Station, die Treblinka hieß und wie ein deutscher Bahnhof, mit Schildern und so weiter nachgemacht. Da habe ich gesehen, wie durch Laufstege, von Stacheldraht eingefaßt, eine Kolonne von nackten Juden in ein Haus nach vorne, in ein großes Haus, ein wartesaalähnliches Gebäude gegangen ist zum Vergasen. Dort hat man mir, ich bin nicht rangegangen, konnte ich nicht, diese Pappdeckeldinger – wie heißt dieses Zyan? –

LESS: Zyankali?

EICHMANN: Zyan?

LESS: Zyankali?

EICHMANN: Zyankali oder Säure, wie eine Säure heißt sie. Zyankalisäure gezeigt, so runde Pappdeckel. Ich weiß nicht wie das vor sich ging, ich habe es auch Müller berichtet, und er hat es wie immer wortlos zur Kenntnis genommen, nur sein Mienenspiel verriet mir: Ich kann nichts machen. Und ich bin überzeugt, überzeugt, Herr Hauptmann, es klingt komisch von mir, ich weiß, aber ich bin überzeugt, wenn Müller etwas zu entscheiden gehabt hätte, wäre das nicht passiert. Von Müller nicht. Auch bei Kaltenbrunner nicht, bei Kaltenbrunner auch nicht. Er ist nicht ehrgeizig gewesen wie Heydrich, der alles an sich raffen wollte, Kaltenbrunner war phlegmatisch.

LESS: Ab wann wurde überhaupt mit Gas getötet?

EICHMANN: War das nicht schon 1939, mit dem Gnadentod, der Führererlaß, daß unheilbar Geisteskranke zu töten seien? Das war mit diesen Kammern schon, Kohlenoxidgase und wurde von Globocnigg übernommen, hatte mit uns nichts zu tun.

LESS: Wer war für das Euthanasieprogramm verantwortlich?

EICHMANN: Das Reichsgesundheitsamt und ausführend in speziellen Kliniken die Spezialärzte.

LESS: Und wer hat die Vergasung mit Zyankali angeregt?

EICHMANN: Ich weiß es nicht, Herr Hauptmann. Es muß ja irgendwie zentral – da es überall ja ähnlich gemacht wurde –, muß es irgendwie zentral – ist mir aber nie zur Kenntnis gekommen.

LESS: War es nicht Ihr Auftrag bei dieser Sondermission mit den beteiligten Stellen, die Sie besuchten, herauszufinden, welches die beste Methode sei?

EICHMANN: Nein, Herr Hauptmann, nein. Ich würde das ohne weiteres sagen, da es bei mir schon sowieso auf eins mehr, eins weniger nicht ankommt.

LESS: Als Höss Ihnen die Anlagen zeigte, ganz im Anfang, haben Sie ihm da nicht gesagt, Globocnigg macht es soundso, und er soll es auch mit Gas machen?

EICHMANN: Nie, nie, nie, ich hatte nie etwas mit Gas zu tun. Das wär auch schon ressortmäßig ganz unmöglich, denn KL war Glücks, Gruppenführer Glücks als Inspekteur zuständig, da hätte man mir ja ganz schön eins reingewürgt, wenn ich mich da irgendwie hereinhänge. Es war ja damals alles auf der Befehlsgebung aufgebaut, Befehlsbereich – Befehlsgeber – Befehlsempfänger – Befehlsempfänger hatte zu gehorchen, zu parieren. Das ist ja letzten Endes auch der Sinn der Befehlsgebung.

LESS: Kennen Sie die Firma DEGESCH?

EICHMANN: Nein. DEGESCH?

LESS: Deutsche Gesellschaft für Schädlingsbekämpfung. Eine Tochter von IG-Farben, die Zyklon B ohne Warnstoff lieferte, 1942 7478,6 kg, 1943 12 174,09 kg –
Er zeigt Geschäftsbelege.

EICHMANN: Ich hatte nie etwas mit Firmen zu tun, Herr Hauptmann, erstens war das Chemie – und zweitens keine Zuständigkeit. Es war Auschwitz, als ich später es wiedersah, ein großer Komplex der Rüstungsindustrie wie aus dem Boden gestampft, die Anlagen der IG-Farben, Buna, Monowitz, wo aus Kohle Kautschuk und Benzin produziert werden sollten, mit Häftlingsarbeitern in IG-eigenen Konzentrationslagern sogar, und Krupp und Siemens-Schuckert, wie sie alle heißen. Es herrschte im Reich doch Arbeitermangel. Entsinne mich noch, daß in der Nähe der IG-Anlagen entladen werden sollte eines Tages, um übereifrige Selektion zu verhindern. Die Bahnstation war sowieso total überlastet.

LESS: Ich habe hier ein paar Formblätter mit Delikten von Häftlingen, die von der IG der SS zur Bestrafung gemeldet wurden: «Widerwilliger Gehorsam», «hat Knochen aus der Mülltonne gegessen», «hat sich während der Arbeit hingesetzt», «besaß Geld», «hat sich die Hände aufgewärmt», «sprach mit einem weiblichen Häftling», «hat Brot gebettelt».

EICHMANN: Das war, Herr Hauptmann, weil die Häftlinge, die arbeiteten im Arbeitseinsatz bei IG-Farben oder anderswo, keinen Pfennig Lohn selber bekamen, sondern Inspektion KL, Glücks.

LESS: Wie hoch war der Tageslohn?

EICHMANN: Pro Tag, las ich, Facharbeiter vier Mark, Hilfsarbeiter drei Mark, Kinder einsfünfzig.

LESS: Was für Strafen gab es für die genannten Delikte?

EICHMANN: Hauptsächlich doch wohl Prügelstrafe und Birkenau.

LESS: Was heißt Birkenau?

EICHMANN: Birkenau waren die Vergasungsanlagen. Ich kann das alles heute auch nicht hören, Herr Hauptmann, auch damals nicht und weiß nicht, warum das immer wieder mir aufgetischt wird, ich konnte es auch nicht abwenden, wie ich Dr. Kastner schon in Budapest sagte, «ich kann es auch nicht abwenden».

LESS: Das Band ist fast abgelaufen.

9. Szene

Sich erhellende schattenlose Lichtkammern.

a

EIN PASSIONIERTER JÄGER: Gauleiter!
Unter Bezug auf die mündliche Unterhaltung anläßlich Ihres Besuchs im Werk Auschwitz unterbreite ich Ihnen wunschgemäß noch einmal unsere gesprächsweise vorgebrachte Bitte.
Wir würden uns freuen, wenn Sie gelegentlich prüfen ließen, ob es möglich ist, den leitenden Herren des Werkes, also außer mir insbesondere Herrn Dr. Eisfeld – der seit zwanzig Jahren passionierter Jäger ist – ein oder zwei Jagdreviere, möglichst in der Nähe von Auschwitz, zur Pachtung zuzuführen. Es wäre verständlicherweise reizvoll, wenn auf diese Weise zu dem zur Zeit noch verbliebenen jagdbaren Teil unseres Werkgeländes, auf dem nur Hasen stehen, eine gewisse Ergänzung zu finden wäre durch eine Wasserjagd und eine entsprechende Rehwildjagd.
Ich wäre Ihnen dankbar, wenn Sie die Angelegenheit gelegentlich überprüfen und mir eine entsprechende Nachricht erteilen lassen würden.

Heil Hitler!
Dr. Walter Dürrfeld
Betriebsführer der IG-Farbenindustrie
Werk Auschwitz
30. 6. 1943

b

Eine alte jüdische Frau:

Noch vor dem Tor des Duschraums
plötzlich schrien sehr viele,
rannten umher und schrien
kopflos,
das Bellen der Hunde,
rannten nackt und in Panik,
viehisches gellendes Schreien.
«Spricht eine der Fotzen hier deutsch?»
«Jawohl», und nackt vor dem Mann,
angstzitternd und
ängstlich widrige Wollust
verspürend, schrecklicher Trieb.
«Dann sag diesen Tieren
sag diesen tropfenden Fotzen,
daß ich sie erschieß auf der Stelle,
wenn das Geschrei nicht aufhört,
das Rumgerenne und Jammern,
daß ich sie schieß in die Fotzen,
sie werden doch hier nur entlaust –»
Und ich sagte: «Schwestern, hört,
bitte hört auf mich, eure Schwester,
es ist kein Grund zu schreien, es ist
zur Panik kein Grund. Stellt euch
doch bitte jetzt auf in der Reihe,
daß sich die Kinder nicht ängstigen,
daß sich Vernunft und Würde –»
Das war meine erste Ansprache in
Birkenau und überhaupt.
Es wurden an hundert und ich, die ich
dies überlebte, überlebte mich nicht.

c

Eine Geschäftskorrespondenz, Briefe der Bayer-IG-Farben an den Kommandanten des Konzentrationslagers Auschwitz.

SCHAUSPIELER: «Bezüglich des Vorhabens von Experimenten mit einem neuen Schlafmittel würden wir es begrüßen, wenn Sie uns eine Anzahl Frauen zur Verfügung stellen würden ...»

«Wir erhielten Ihre Antwort, jedoch erscheint uns der Preis von 200 Reichsmark pro Frau zu hoch. Wir schlagen vor, nicht mehr als 170 Reichsmark pro Kopf zu zahlen. Wenn Ihnen das annehmbar erscheint, werden wir Besitz von den Frauen ergreifen. Wir brauchen ungefähr 150 Frauen ...»

«Wir bestätigen Ihr Einverständnis. Bereiten Sie für uns 150 Frauen in bestmöglichstem Gesundheitszustand vor ...»

«Erhielten auftragsgemäß 150 Frauen. Trotz ihres abgezehrten Zustands wurden sie als zufriedenstellend befunden. Wir werden Sie bezüglich der Entwicklung der Experimente auf dem laufenden halten ...»

«Die Versuche wurden gemacht. Alle Personen starben. Wir werden uns bezüglich einer neuen Sendung bald mit Ihnen in Verbindung setzen ...»

Aktennotiz Dr. Weita von Bayer-Leverkusen, 14. April 1975: «Dr. Rosanelli hat ca. hundert Frühgeburten mit dem neuen Antibioticum ‹Resistopen› behandelt. Davon sind aber nur dreißig auswertbar, weil die restlichen sieb-

zig infolge ihrer extremen Lebensschwäche kurz nach Einleitung von Resistopen-Anwendung ad exitum kamen.
Rosanelli übergab die dreißig Fragebogen, die wir aufarbeiten werden, um dann vorzuschlagen, ob die Studie auf fünfzig Fälle aufgestockt werden soll oder ob die dreißig Fälle für eine publizistische Auswertung reichen.»

d

EINE DEUTSCHE FRAU:
Manchmal, wenn ich gekachelte Räume betrete,
ein Bad, einen Waschraum
eine gekachelte Schwimmhalle,
sehe ich mich nach Spuren um,
Haar in den Abflüssen,
heruntergeflossenes Lysol,
Sekret an den Borsten des Scheuerbesens.
Am Rost der Duschen,
an weißen Kristallen aus Kalkresten
schnuppere ich zwanghaft,
hör ein Gesumm wie Bienen,
das leiser wird und verstummt.
Entschuldige mich bei der Wärterin,
die in der Tür steht
und mich beobachtet hat.
«Sie sind wohl fremd hier?»
«Nein, nein.»

e

EIN ISRAELISCHER SOLDAT: Ich träume, ich bin im jüdischen Getto meiner Eltern in Bialystok. Es ist Nacht, und ich erwache von einem Hämmern an der schwarzen Tür. Ich krieche unter die Bettdecke, die dünn ist und wenig wärmt, zwei Kinder neben mir, die jammern, meine Mutter und ich. Das Hämmern an der Tür ist schrecklich, schreckliches Geräusch. Jemand, ich, bearbeitet die schwarze, schiefe Tür mit Nagelstiefeln und mit dem Gewehrkolben. Die Mutter schreckt aus dem Bett, wird an die Wand genagelt. Ich schlage an diese schwarze Tür, ich bin bei einer Patrouille, die ein arabisches Dorf nach Terroristen durchsucht. Mein Vater kriecht unter das Bett in Unterhosen und wirft mir vor, ein Feigling zu sein, weil ich mich sträube, auf eine hohe Spielplatzrutsche zu klettern. Ich habe eine schwarzglänzende Uniform an, die Uniform der Gestapo, ich sehe die Abzeichen, Totenkopf und SS, ziehe den Mann an den Haaren unter dem Bett vor. Ich weigere mich zu identifizieren, ich weigere mich zu sagen, daß ich einer von der Gestapo bin. Ich durchsuche ein Araberdorf, ich fühle mich von dem Jammern hinter den schwarzen Türen angewidert.

10. Szene

Besucherzelle mit Trennwand, unten Holz, oben Glas, Mikrofone und Kopfhörer auf jeder Seite. Die Verbindungstür ist aber offen, es gibt bequeme Stühle.
Eichmann und Schilch.

FRIEDA SCHILCH: Keine Tonaufnahme, die Wachen außerhalb, und unsere Gespräche kommen nicht in die Prozeßakten.

EICHMANN: Jawohl. – Obwohl ich persönlich keine Geheimnisse habe, Frau Doktor, immer normal und unauffällig gelebt, wer garantiert mir diese Geheimhaltung sozusagen oder Diskretion?

SCHILCH: Ich. Nur ich.

EICHMANN: Jawohl.

SCHILCH: Es ist kein ärztliches Gespräch sonst möglich und auch kein menschliches, denke ich.

EICHMANN: Jawohl. Obwohl ich gelernt habe, als eine offizielle Person zu leben, wenn ich das so sagen darf, als Beamter und auch hier natürlich. Am wenigsten in Argentinien.

SCHILCH: Als offizielle Person zu leben, wie ist das?

EICHMANN: An die Reaktionen zu denken, in allem, es ist eine zweite Person allgegenwärtig, die diese erste auszehrt sozusagen, ob nun in der Funktion Judenreferat oder auch als Häftling hier.

SCHILCH: Ihr Leben hier, das ist ein offizielles Leben?

EICHMANN: Bei der mir zugedachten Rolle und Aufmerksamkeit, ich kann nicht davon absehen, Frau Doktor.

SCHILCH: Ist die Aufmerksamkeit angenehm oder unangenehm?

EICHMANN: In Argentinien, ich lebte still meinen Stiefel dahin in meiner Familie. Wir haben uns ein Haus gebaut, bescheiden, an den Wochenenden vorwiegend, und einen Garten angelegt. Ich habe mein ganzes Leben gern gebaut.

SCHILCH: Sie haben vier Söhne?

EICHMANN: Vier, aber nur Hansi ist in Argentinien geboren. Man hat mir erlaubt, ein Foto von ihm zu behalten, wenn es Sie interessiert?

Er reicht es ihr.

SCHILCH: Ist Ihnen ähnlich, glaube.

EICHMANN: Was mich beschäftigt, was sagt man einem sechseinhalbjährigen Jungen, all diese Sachen, wie kann man ihm die erklären? Oder meinen Sie, vom psychologischen Standpunkt, daß das gar nicht gut wäre?

SCHILCH: Wenn Sie's ihm nicht erklären, erklären das die andern. Können Sie es denn erklären? Ich meine sich selber?

EICHMANN: Was in den Zeitungen steht, da ist die Rede von einer Person, die ich nicht kenne, Monster, Sadist, Massenmörder. Da ist ein Leben zusammenkolportiert auf eine Weise, die ich nur lügenhaft und volksverhetzend nennen kann. Ich habe das immer gehaßt, auch in meiner Zeit, habe zum Beispiel den «Stürmer», habe es abgelehnt, das Schmutzblatt, habe es abgelehnt, das antisemitische Hetzblatt zu lesen, obwohl es wöchentlich kam.

SCHILCH: Von Ihren Anschauungen her, wenn auch vielleicht nicht in dieser Form, waren Sie doch aber auch ein Antisemit natürlich?

EICHMANN: Nie, nie, nie, nie gewesen. No, no, no, nie Antisemit gewesen, Frau Doktor.

SCHILCH: Das verblüfft mich. – Was verstehen Sie unter Antisemitismus?

EICHMANN: Daß man die Juden haßt. Ich habe die Juden nicht gehaßt, schon von Kindheit nicht. Streicher haßte, ich haßte nicht, ich erstrebte mit Genehmigung meiner Vorgesetzten die politische Lösung.

SCHILCH: Gab es in Linz viele Juden?

EICHMANN: Es ging noch, nicht soviel wie in Wien. Ich hatte, erinnere ich noch, einen jüdischen Freund, Schulfreund, Harry Sebba, und ab und zu, eine Zeit, wurde ich selbst für einen Juden gehalten deshalb, wegen meines Namens vielleicht auch oder Aussehen –

SCHILCH: Mit Ihren «nordischen» Augen?

EICHMANN: Ein jüdischer Bekannter meiner zweiten Mutter, genauer von Onkel Fritz, der eine jüdische Frau hatte, Weiss mit Namen, der jüdische Herr, war Generaldirektor der österreichischen Vacuum Oil Company, und er brachte mich bei Vacuum Oil unter, obwohl es mehr als fünfzig Bewerber für den Posten gab. Ich nutzte später die Gelegenheit, mich zu revanchieren.

SCHILCH: Wie ging das?

EICHMANN: Die Tochter dieses Onkel Fritz, wir nannten ihn Onkel, obwohl er verwandtschaftlich nur ein Cousin der zweiten Mutter war, diese Tochter, nach den Nürnberger Gesetzen Halbjüdin, kam noch 1943 händeringend zu mir, als die Endlösung in vollem Gange war, um mit meiner Genehmigung in die Schweiz ausreisen zu können. Ich habe das natürlich genehmigt, und derselbe Onkel kam auch zu mir, um für ein anderes Wiener Juden-Ehepaar zu intervenieren.

SCHILCH: War das mit Ihrer behördlichen Überzeugung denn zu vereinbaren?

EICHMANN: Ich hatte ja keinen Haß auf die Juden, Frau Doktor, meine ganze Erziehung war streng christlich, und durch die angeheiratete zum Teil jüdische Verwandtschaft meiner zweiten Mutter hatte ich andere Vorstellungen als die in SS-Kreisen üblichen. Auch den Schauspielern Moser, Moser, Hans, und Theo Lingen, die Schwierigkeiten hatten wegen ihrer jüdischen Frauen – Volksschauspieler, die ich in mein Herz sowieso schon eingeschlossen hatte wegen ihrer Lustspielfilme – konnte ich helfen. Ich sage das nicht, um mich reinzuwaschen.

SCHILCH: Was ist Ihr Motiv?

EICHMANN: Die Wahrheitsfindung. Ich sah die Juden als meine Feinde in der politischen Überzeugung, aber ich haßte sie nicht persönlich. Ich entschuldigte mich bei Dr. Löwenherz, Amtsdirektor der Israelitischen Gemeinde Wien, dem ich in der Rage eine Ohrfeige gegeben hatte, vor allen meinen Offizieren und jüdischen Angestellten in der Auswanderungsbehörde, und es wurde eine hervorragende, herzliche Zusammenarbeit.

SCHILCH: Herzliche Zusammenarbeit?

EICHMANN: Es ging, Frau Doktor, ja gar nicht ohne diese Zusammenarbeit, wie ich Herrn Hauptmann Less schon erklären konnte und auch Herrn Untersuchungsrichter Kagan. Was immer möglich war, überließen wir der jüdischen Selbstverwaltung, denn die hatte das Vertrauen ihrer Leute.

SCHILCH: Wie ging das vor sich? Wie schafften Sie das?

EICHMANN: Wenn Maßnahmen zu treffen waren, wandten wir uns an die jüdischen Funktionäre, den Judenrat. Wir besprachen mit den leitenden Herren, was zu tun war, nicht diktatorisch – du mußt, du hast und so weiter, das hätte der Sache nicht gedient, sondern verhandelnd mit diesen Spitzenfunktionären, ein Spiel mit rohen Eiern, um es mal so auszudrücken, denn wenn man die betreffenden jüdischen Herren nicht überzeugen konnte, wenn sie es nicht gern gemacht haben, dann hat die ganze Arbeit darunter gelitten. Es waren meist hochangesehene, bessergestellte Juden, in Budapest zum Beispiel Baron Phillip von Freudiger, der zuletzt nach Rumänien fliehen konnte, indem ein Auge zugedrückt wurde. Denn hatten sie uns geholfen, die Funktionäre, so mußten natürlich auch sie ihre Vorteile haben.

SCHILCH: Was waren das für Vorteile?

EICHMANN: Auf allen Ebenen, paßmäßig, polizeimäßig, brauchten keinen Stern zu tragen, konnten reisen, kamen, wenn es nicht anders ging, schließlich nach Theresienstadt, für Privilegierte und alte Juden vorgesehen, auch für jüdische Kriegsteilnehmer mit Auszeichnungen, wenigstens EK 1.

SCHILCH: Wurde in Theresienstadt nicht getötet?

EICHMANN: Nein, es sollte zuletzt noch eine Gaskammer – die aber nicht mehr in Betrieb kam, auch von Juden gebaut. Es war ja alles dort Selbstverwaltung, Landwirtschaft, Polizei, Judenrat. Bewachung ein kleines Gendarmeriekommando. Die hatten eigenes Geld und eigene Briefmarken.

SCHILCH: Es sind in Theresienstadt aber doch auch viele Tausende umgekommen.

EICHMANN: Weil alles da hineindrückte, was gar nicht hineingehörte, Frau Doktor, Theresienstadt war für vielleicht 10000 gut, aber es wurde alles hineingestopft, so wurde die Idee zuschanden. Die Idee überall war aber Selbstverwaltung und Kooperation.

SCHILCH: Ich kenne einen Mann, Patient, der überlebt hat, weil er als vierjähriger Junge an dem Panzergraben, wo die Leute erschossen wurden, deren Schuhe paarweise zusammengebunden hat. War das so eine Kooperation?

EICHMANN: Mit Einsatzgruppen, Frau Doktor, hatte ich nie das geringste zu tun, ich wurde krank, wenn ich nur daran dachte, was ich da gesehen hatte, um Müller zu berichten, auf Befehl von Müller. Ich wollte das nicht, nie, auch Müller nicht, ich konnte nicht töten und habe nie getötet.

SCHILCH: Beschäftigt Sie der Tod? Haben Sie vor dem Tode Angst?

EICHMANN: Ich habe vor meinem Tode keine Angst, sogar ich rechne damit, aber ich war in meinem Leben viel damit beschäftigt. – Wenn ich im Bett die Hände aufeinanderlege, zufällig, strecke ich sie auseinander, weil das die Haltung der Toten ist. Obwohl ich weiß, es gibt keinen Tod, sondern nur das Leben in anderen Erscheinungsformen, Pflanze oder auch Stein.

SCHILCH: Können Sie Ihren eigenen Tod denken? Oder nur den der anderen?

EICHMANN: Ich kann einen Toten, noch heute nicht, anfassen, geschweige denn etwa aufschneiden, wie Ärzte das müssen. Ich wollte immer nur das Unblutige, die Auswanderung, tatsächlich, Frau Doktor, ich war, wie ich schon sagen durfte, nie Antisemit. Nie hassend wie Streicher oder Frank und andere.

SCHILCH: In einer Broschüre, in der Schweiz erschienen,

habe ich kürzlich gelesen, daß Sie sogar Jude wären in Wirklichkeit, aus einer jüdischen Familie, die aus Litauen eingewandert sei.

EICHMANN: Toll, tolle Behauptung!

SCHILCH: Jude oder Halbjude wie Hitler, Heydrich und andere, von dem jüdischen Bankier Warburg in Amerika angestiftet und bezahlt, im zionistischen Auftrag den Staat Israel zu ermöglichen.

EICHMANN: Toll. Es war so, daß wir den Ariernachweis, die SS, bis in die Urzeit führen mußten.

SCHILCH: Sie weisen die Behauptung ab?

EICHMANN: Jawohl. – «Der Judenstaat» von Herzl, was ich aus fachlichen Gründen las, habe ich aber als fundamentales Buch interessiert aufgenommen und verarbeitet. Ich sah die gleichen Zielsetzungen, ein judenfreies Europa.

SCHILCH: Sie wollten das Glück der Welt durch die jüdische Auswanderung, ohne die Juden zu hassen, und Sie transportierten sie in die Vernichtungslager, ohne die Juden zu hassen. Wie geht das zusammen?

EICHMANN: Indem ich als Beamter, indem ich als Offizier im Sicherheitshauptamt ins Judenreferat geraten war, Feindbekämpfung Juden, wie ich vorher Freimaurer hatte, es war die rein fachliche Seite –

SCHILCH: Wenn Sie ins Referat Kommunisten gekommen wären, hätten Sie sich mit dem Marxismus-Leninismus beschäftigt?

EICHMANN: Natürlich. Wie Sie sich mit den seelischen Sachen, seelischen Erkrankungen beschäftigen, weil sich als Ihr Fach die Psychiatrie ergeben hat. Mich interessierte der Polizeidienst in der Gestapo, die polizeilichen Aufgaben.

SCHILCH: Ordnung? Sicherheit?

EICHMANN: Bekämpfung der inneren und äußeren Feinde, wie es damals hieß. Was ich sehr gerne geworden wäre und auch darum bat, Polizeipräsident von Linz.

SCHILCH: Was zog Sie zur Polizei?

EICHMANN: Der Zufall der Entlassung in der Weltwirtschaftskrise. Wenn ich bei Vacuum Oil geblieben wäre, hätte ich dort mich eben hochgearbeitet durch fachliche Leistungen.

SCHILCH: Sie haben für die Lieferung der Juden gesorgt, wie Sie für die Lieferung von Sphinx-Benzin gesorgt haben zuvor, wenn das geordert war.

EICHMANN: Im Innern blieb ich immer auf der Linie Auswanderung, Niesko, Madagaskar, es wollte sie doch aber keiner auf der ganzen Welt, Frau Doktor. Wie Heydrich mir dann sagte Führerbefehl, Endlösung, da war ich aus. Hätte vielleicht mich erschießen sollen, aber ich war nicht so groß, Führerworte anzuzweifeln. Es wird heute von mir verlangt, ein Gigant, ich war aber ein Angestellter.

SCHILCH: Das beste in der Welt ist ein Befehl?

EICHMANN: Damals, ich glaube ja, nicht nur für das Soldatische, auch heute sehe ich, Anordnung, Anweisung, Befehl wird nicht in Frage gestellt. Es hat der Befehl für die Allerallermeisten auch etwas Entspannendes: Ist befohlen, wird gemacht.

SCHILCH: Die Juden, was ist das für Sie, welche Eigenschaften geben Sie ihnen?

EICHMANN: Damals oder heute? Es ist, Frau Doktor, daß ich das oft fragen muß, welche Zeit, weil das doch fundamental andere Personen sind, fundamental differente Anschauungen in den verschiedenen Zeiten: Linzer Zeit, dann Reich, dann Zusammenbruch und Argentinien und schließlich jetzt auch hier.

SCHILCH: Wie Sie damals als Nationalsozialist die Juden sahen?

EICHMANN: Zuerst einmal – fremd, Fremdkörper in der Volksgemeinschaft, fremd und wurzellos, deshalb auch der Gedanke «Boden unter ihre Füße», fand meine Sympathie.

SCHILCH: Fremd als Rasse oder als Religionsgemeinschaft?

EICHMANN: Als «Blutsgemeinschaft», wie es damals lautete, jüdisches Blut. Es interessierte Religion mehr oder weniger nur, um sie erfaßbar zu machen. «Parasitär, den

Volkskörper, das Wirtsvolk, parasitär zersetzend.» Ich suche jetzt nach der Terminologie von damals. «Raffend, nicht schaffend, raffendes und schaffendes Kapital» –

SCHILCH: IG-Farben schaffend, Wertheim raffend?

EICHMANN: Die schachernde Seite, mauschelnder Händlergeist, Materialismus, keine Ideale, Geldverleih, andere für sich arbeiten lassen –

SCHILCH: War das schaffende Kapital da zurückhaltender? Zum Beispiel in den Betrieben in Auschwitz?

EICHMANN: Bitte, natürlich, bitte, ich versuche der damaligen Person von mir nachzuspüren jetzt. Es spielte glaublich die Hauptrolle die internationale Verschwörung als eine angenommene, als eine Art von negativem Prinzip. «Die Juden sind unser Unglück.»

SCHILCH: Das fehlende eigene Glück hatte der Jude an sich gerafft? Das Unrecht, das einem selbst angetan wurde, bekämpfte man im Juden?

EICHMANN: Als Autodidakt, ich war kein sehr grübelnder Mensch, Frau Doktor. Heute eher, daß ich heute eher nachdenke über Grundsätzliches. Es gibt den Sündenbock glaublich immer, das müssen nicht die Juden sein.

SCHILCH: Empfinden Sie mich als jüdisch?

EICHMANN: Nein, auch Hauptmann Less nicht, auch nicht den Herrn Untersuchungsrichter –

SCHILCH: Warum nicht? Ich bin jüdisch, und Less ist jüdisch, und der Untersuchungsrichter ist besonders jüdisch. Warum nicht?

EICHMANN: Weil ich, wenn es nach mir gegangen wäre, behördenmäßig ebenso gearbeitet hätte.

SCHILCH: In Ihrer Behörde?

EICHMANN: Polizeimäßig korrekt, meine ich. Obwohl ich die ganz andere Kultur hier als orientalisch stark empfinde, und ich als Häftling nun dies alles sehe wie in einer Umkehrung, von diesem Kidnapping an und auch entsprechend mich einzustellen habe auf diesem jetzt mir gemachten Prozeß.

SCHILCH: «Ich kann dich ja nicht leiden – vergiß das nicht so leicht», sagt Siegfried zu Mime.

EICHMANN: Ja, ja, ja, ja, ja.

Er lacht etwas irritiert.

Wo haben Sie Ihr exzellentes Deutsch gelernt?

SCHILCH: In einem kommunistischen Kibbuz, von deutschen und polnischen Juden gegründet, den jüdischen Privatgelehrten Heinrich Karl Marx im Gepäck, der kein besonderer Freund der Juden war.

Eichmann lacht irritiert.

11. Szene

a

Lichtkammern.
Ein Kind sagt ein Gedicht auf:
Wanderers Nachtlied

In allen Börsensälen ist Ruh
Von den Kindern Israels findest du
Kaum einen Hauch.
Da drüben noch einige Schreier,
Aber warte nur, Abraham Meyer,
Balde ruhest auch du.

(Das Gedicht ist dem «Stürmer» vom 22. Juli 1943 entnommen. Die Überschrift lautete DER SCHREI NACH VERGELTUNG, *der Untertitel: ‹Der jüdische Parasit muß zugrunde gehen›.)*

b

Ein Conferencier tritt mit einem Tusch auf.

CONFERENCIER: In Berlin, meine sehr verehrten Damen und Herren, hat die Stadtverwaltung neuerdings angeordnet, sehr appetitliche durchsichtige Mülltonnen zu verwenden. Ich habe mich gefragt, warum? – Warum? – Damit die Türken auch ihren Schaufensterbummel haben.
– eingespielter Applaus –
Das hat mir eingeleuchtet. Das ist man sich als ausländerfreundliche Stadt schuldig. Wir alle lieben als dauerimprägnierte Humanisten unsere lieben Ausländer, unsere geliebten Türken insbesondere. Sie riechen so gut, sie bringen in einer Anderthalb-Zimmer-Wohnung immer

noch die eine oder andere Familie unter oder die eine oder andere Oma mit ihren Enkelkindern. A propos unterbringen, Raum ist in der kleinsten Hütte: Fragt mich kürzlich einer: Wieviel Türken gehen in einen VW? Wieviel Türken gehen in einen VW? Wieviel? – Zwanzigtausend. Zwanzigtausend? Wieso? Na, vorne zwei und hinten drei, die anderen in den Aschenbecher.
– eingespieltes Gelächter –
Was ist der Unterschied zwischen einer weißen Linie und einem Türken? wird in einer Prüfung ein Polizeischüler gefragt. Und der antwortet: Die weiße Linie – die weiße Linie, die darf nicht überfahren werden.
– eingespieltes Lachen –
Aber die nächste Frage, die hat er nicht beantworten können: Was macht ein Türke, wenn er überfahren wird? – Ka – nak.
Und in der Friteuse? Was macht er da? – Gürzel – bürzel
– eingespieltes Lachen –
Zum Schluß die Frage an Sie, meine Damen und Herren: Wenn ein Türke in Kreuzberg auf einer Mülltonne sitzt, was ist das? – Eine Hausbesetzung.

c

Gemeinnützigkeit

Walter Krüger, Hamburg, 2. Vorsitzender des Kameradschaftsverbandes des 1. Panzerkorps der Waffen-SS «Leibstandarte Adolf Hitler» telefoniert mit einem Journalisten.

KRÜGER: Jawohl, das will ich meinen, wir sind auf alle Fälle gemeinnützig, waren das 65 fünf Jahre und jetzt 82 endgültig. Wir sind ein verschworener Haufen! Wenn Kameraden in Not geraten, dann packen wir sie am Kragen – es gibt viele Waffen-SS-Kameraden in Not, leider, und viel

Not in unserem Vaterland. Gott sei Dank haben wir vom Panzerkorps «Leibstandarte» auch Millionäre unter uns, die helfen können. Wir sind nach dem Krieg nicht auseinandergelaufen, wir haben Schulterschluß gefunden, und deshalb sind wir eben nicht untergegangen, verdammt noch mal! Wir sind rührig und haben einen guten Steuerbevollmächtigten. Am 15. April hat uns das Finanzamt Stuttgart die Gemeinnützigkeit bestätigen müssen. Das können die uns bloß wieder nehmen, wenn wir uns drei MG-42 kaufen und in der Gegend rumballern – aber so blöd sind wir nicht. Was war denn damals die Waffen-SS? Als ich 1943 meine Kompanie übernahm, hatte ich lauter Achtzehnjährige, einer immer hübscher und gerader und strammer als der andere, da habe ich anständige Soldaten draus gemacht. Da war keiner ein Nazi! Aber begeisterte Hitlerjungen waren das, die den roten Brüdern da an die Kehle wollten. Mit breiter Brust voran das 1. Panzerkorps! Das verpflichtet. Alle Speere auf uns, das ist auch heute noch so! Wo wir waren, verdammt, da war vorne! Das sagen Sie mal den Herrn Parlamentariern, sofern die je im Krieg waren. Jeder SS-Verband hat seine Traditionsvereinigung, wir sind alle gemeinnützig, mildtätig und gemeinnützig, wie es vom Gesetz vorgeschrieben ist. Wir sind alle Demokraten – wir wollen den Karren gemeinsam aus dem Dreck ziehen, einer, der das begriffen hat, Reagan.

12. Szene

Eichmanns Zelle. Bewachung. Die Ausstattung ist durch eine Registratur der vorgelegten Dokumente ergänzt. Ordner enthalten die an ihn durchgelassene Post und die an ihn weitergegebene Presse.
Eichmann hängt die selbst gewaschene Wäsche auf und monologisiert mit großen Pausen zwischen den Sätzen.
Auf seinem mit Papieren und Dokumentenbüchern überladenem Arbeitstisch gibt es jetzt auch ein Tonbandgerät.

EICHMANN: Mehr sein als scheinen. Kein Mucks, kein Zukken. Letzte Schlacht des Zweiten Weltkriegs, die hier geschlagen wird. Die Behauptung, ich solle einen Judenjungen totgeschlagen haben, weil er Obst geklaut hat, ist ekelerregend. Nie auf diesem Niveau bewegt, nie getötet. Kommerzienrat Storfer zum Beispiel sogar in Auschwitz besucht, um ihm das Leben zu retten. Ehrabschneiderisch. Versuchsballon. Wer war der Urheber der organisierten Auswanderung? Ich. Gerade die Sipo wollte das Unblutige, die politische Lösung. Krieg ist kein Spiel mit Sonnenstrahlen.
Er geht zum Tisch, um Notizen zu machen und schaut in ein Buch, wo er sich eine Stelle markiert hat.
«Zar der Juden», «Großinquisitor ohne Zauber», «der einfallsgeniale Eichmann», da hat der einfallsgeniale Reitlinger, dieser Arsch mit Ohren, in der Rage vergessen, daß der einfallsgeniale Eichmann im Herbst 44 gar nicht in Berlin war, sondern kommandiert, um Juden für den Austausch herbeizuschaffen.
Die innere Wache kommt mit einem elektrischen Rasierapparat ohne Spiegel und gibt ihn Eichmann mit einer hebräischen Anweisung. Die Wache bleibt während des Rasierens bei Eichmann.
Es war die Schuld des Auslands, die Juden nicht genommen zu haben. Wenn es nach mir gegangen wäre, es hätte kein einziger Jude sein Leben lassen müssen. IV B 4 war

nichts anderes als die Schreibstube zur Wannsee-Konferenz.

Natürlich habe ich mitgedacht als Idealist, getäuschter Idealist wie sich mir später zeigte, der für das Reich lebte und in seinem Sinn dachte, auch die Vernichtungslager sind Schlachtfelder dieses Krieges.

Die äußere Wache kündigt Ofer an. Eichmann steht auf, Ofer kommt.

OFER: Ich möchte Ihnen doch sagen, Herr Eichmann, daß ich disziplinmäßig nie einen korrekteren Gefangenen kennengelernt habe.

EICHMANN: Das ehrt mich, Herr Direktor.

OFER: Die Registratur der Dokumente, fabelhaft.

EICHMANN: Es bleibt das Aktenmäßige immer das gleiche irgendwie. Die ganze Gestapo ist aus einem Schrank der bayerischen politischen Polizei hervorgegangen, sagte mir einmal Müller, der dort Chef gewesen war.

OFER: Ohne Sie drängen zu wollen, ich bin gebeten, Sie zu fragen, ob Sie in der Wahl Ihres Anwalts zu einer Entscheidung gekommen sind?

EICHMANN: Jawohl. Ich würde am liebsten Dr. Robert Servatius beauftragen, weil er schon Sauckel und Dr. Brandt in Nürnberg verteidigt hat. Mein Stiefbruder empfiehlt ihn, Rechtsanwalt in Linz. Ich kann das Mandat gleich erteilen.

OFER: Es drängt Sie aber niemand.

Er legt ein Papier vor, das Eichmann unterschreibt.

EICHMANN: Ich habe eine Erklärung vorbereitet, die Hauptmann Less und sicherlich auch Sie überraschen wird. Ich will sie auf das Tonband sprechen, das Sie mir bewilligt haben, es erleichtert meine Arbeit ungemein und findet meine Bewunderung als Techniker seiner Kleinheit wegen und Leistungsstärke. Ist das für geheimdienstliche Zwecke?

OFER: Es ist ein japanisches Gerät.

EICHMANN: Jedenfalls sehr gut. Ich bedanke mich.

Ofer: Der Schneider will wissen, in welcher Farbe Sie den guten Anzug wünschen.

Eichmann: Ohne etwa eitel scheinen zu wollen, dunkelblau, wo immer möglich, habe ich dunkelblau getragen. – Wenn ich um etwas bitten dürfte, einen Spiegel. Ich habe mich vier Monate nicht gesehen.

Ofer: Aber bitte.

Der Gefängnisdirektor geht hinaus. Eichmann nimmt seine Notizen und spricht die angekündigte Erklärung in das Tonbandgerät.

Eichmann: Vor etwa eineinhalb Jahren erfuhr ich durch einen Bekannten, der von einer Deutschlandreise zurückkam, daß in gewissen Teilen der deutschen Jugend ein gewisser Schulddruck hinsichtlich der Juden sich bemerkbar mache. Diese Tatsache wurde für mich genauso ein Markstein wie die erste menschliche Landung auf dem Mond, und meine Gedanken kreisten um diesen wesentlichen Punkt meines Innenlebens. Aus dieser Erkenntnis habe ich es abgelehnt, mich durch Flucht zu entziehen, als ich feststellen mußte, daß Suchkommandos auf mich angesetzt waren. Der Schulddruck der Jugend, das war auch der Grund, warum ich hier zu einer Generalaussage bereit war und zur Wahrheitsfindung beitragen wollte. Menschlich und juristisch habe ich dargelegt, wie meine Rolle dienstgrad- und dienststellenmäßig dabei zu beurteilen ist. Trotz allem weiß ich natürlich, daß ich meine Hände nicht in Unschuld waschen kann, weil die Tatsache, daß ich ein absoluter Befehlsempfänger war, heute sicherlich nichts mehr bedeutet. Obgleich an meinen Händen kein Blut klebt, werde ich sicherlich der Beihilfe zum Mord schuldig gesprochen werden. Unabhängig davon, erkläre ich meine innerliche Bereitschaft, das furchtbare Geschehen mit meinem Tode zu sühnen. Ich bitte nicht um Gnade, denn die steht mir nicht zu. Wenn es als ein Akt größerer Sühneleistung verstanden werden kann, bin ich bereit, als abschreckendes Beispiel für alle Antisemiten dieser Erde, mich selbst öffentlich aufzuhängen.

Man lasse mich vorher noch ein Buch über das Entsetzliche als Warnung und Abschreckung der gegenwärtigen und kommenden Jugend schreiben, dann soll sich mein Erdenleben beenden.
Adolf Eichmann

Darf ich Ihnen, Herr Hauptmann, diese Erklärung für die Akten übergeben?

Less: Er ist einer von den Leuten, die ich hier im Bus nie wiedererkennen würde. Das soll der Motor der Ausrottung der europäischen Juden gewesen sein? Es entsetzt ihn der moralische Tiefstand der Menschen. «Ich habe jede Art der Kriminalität immer und tief gehaßt», sagt er. «Wie ich Juden sah, die erschossenen Juden Zahnkronen und Brücken rausreißen, da habe ich gewußt, daß man mit Menschen alles machen kann.» Er zweifelt nicht, daß ich mich in seiner Lage wie er verhalten hätte.

Als idealistischer Beamter hat er sich als einen Menschen gesehen, der ein Opfer vollzieht, ein heiliges Opfer, die Welt befehlsgemäß zu reinigen. Und 1945 war er plötzlich um sein Lebenswerk betrogen, hatte er für nichts gearbeitet.

In seinem heutigen Verständnis hat ihn die NS-Führung schuldig gemacht, aber der «kleine Funktionär», der «weisungsgebundene Beamte», der «unter Eid stehende Offizier» sind auch Positionen in der Linie seiner Verteidigung, zu seiner Tarnung, zu seiner Art von «lokischer List».

Als Idealist habe er immer gehorcht, es sei auch so gewesen, daß er nicht gewußt habe, warum er nicht gehorchen sollte.

Das Monster, es scheint, ist der gewöhnliche funktionale Mensch, der jede Maschine ölt und stark im Zunehmen begriffen ist.

In diesen Monaten, schrecklicherweise, kommen wir uns näher.

14. Szene

Die Zelle. Übliche Bewachung.
Eichmann an seinem Arbeitstisch. Viele Bücher, Dokumente.
Ofer kommt, Eichmann stellt sich neben seinen Arbeitstisch.

OFER: Wieder die Post und die Presse, die für Sie freigegeben wurde.
Er gibt ihm den Stoß.

EICHMANN: Sehr liebenswürdig.

OFER: Sie sind der Mann wahrscheinlich, über den in der ganzen Welt heute am meisten geschrieben wird.

EICHMANN: Sehr liebenswürdig.

OFER: Der Hauptmann Less hat das Gespräch verlegt, weil er seine Frau ins Krankenhaus bringen mußte. Wir machen es jetzt hier, weil wir unten umbauen.

EICHMANN: Wenn ich mir die Frage erlauben darf, ist es etwas Ernstliches?

OFER: Die Frau hat hier in Israel eine Kinderlähmung bekommen, die sie völlig hilflos macht. Von einem in Europa unbekannten Stamm, sie war in Europa geimpft. Drei Kinder. Eine sehr schöne und sehr gescheite Frau.

EICHMANN: Ohne mich beliebt machen zu wollen, er ist ein gütiger Mensch, glaube ich, ganz erstaunlich.

OFER: Was erstaunt Sie?

EICHMANN: Es erstaunt mich insgesamt, daß mir nicht mit Haß begegnet wird. Wenn sich unsere Augen begegnen, mit Hauptmann Less oder auch mit Ihnen, sehe ich keinen Haß.

OFER: Das sind vielleicht Manieren oder Anweisungen.

EICHMANN: Wenn ich einen Vergleich zu ziehen hätte von der Polizei hier zu der unseren, so fiele der Vergleich zu unseren Ungunsten aus.

OFER: Im Vergleich zur Gestapo meinen Sie?

EICHMANN: Auch Sipo, auch Sicherheitspolizei. Man kann

einem Feind hart begegnen, ohne ihn deshalb persönlich zu hassen, das war auch meine Devise.

Die beobachtende Wache an der Zellentür außen ruft eine in der Zelle befindliche Wache, die innere Wache gibt Ofer eine Nachricht.

OFERT: Der Hauptmann Less ist auf dem Wege. Warum, Herr Eichmann, gibt es hier diese enormen Sicherheitsvorkehrungen? Weil Sie niemand haßt?

Less, von einer Wache begleitet, wird in die Zelle geschlossen. Kurze Begrüßung und Information durch Ofer in Neuhebräisch. Less installiert seine Gerätschaften.

OFER: Ich empfehle mich dann.

LESS: Wär mir sympathisch, wenn sich die Wache vielleicht auch – *empfehlen könnte* –. Die Wachen können mich einschließen.

OFER: Wenn Sie ermächtigt sind, das anzuordnen?

LESS: Ich möchte das anordnen, Herr Ofer, und bedanke mich.

Ofer weist die in der Zelle befindlichen Wachen an und verläßt mit ihnen den Raum.

Das sind die neuen Abschriften unserer Gespräche, die Sie wiederum bitte auf sachliche Richtigkeit durchsehen und seitenweise abzeichnen wollen.

EICHMANN: Jawohl. Wenn ich ein Duplikat jeweils für meine Registratur erbitten dürfte. Die vorgelegten Dokumente, wenn ich das vorschlagen darf, sollten eine einheitliche Numerierung erfahren, zeitlich und ländermäßig erfaßt. Personenakten-Registratur und Sachakten-Registratur. Es werden ja ein paar tausend zusammenkommen, vielleicht.

LESS: Sehr gut. Was wir nicht finden, finden wir dann bei Ihnen. – Es liegt das 49. Tonband auf. Es ist jetzt 11 Uhr 42 – es ist der 8. September 1960. Ich möchte Ihnen ein paar eigene Bekundungen vorlegen heute, die ich mir zusammengestellt habe.

EICHMANN: Aus welchen Zusammenhang, wenn ich mir erlauben darf?

Less: Das werden Sie mir gleich sagen.

Er setzt ein zweites Tonbandgerät in Gang.

Stimme Eichmanns: «Schicken wir den Meister hinunter, der soll die Sache selbst machen», ordnete der Reichsführer an. Man schickte mich herunter nach Ungarn, und das Ende war, daß es mir trotz schwierigster Transportlage, Sommer 44, in kurzer Zeit gelang, eine halbe Million abzufahren. – *Pause* –

Eichmann: Soll ich dazu gleich Stellung nehmen?

Less: Vielleicht hören Sie die anderen Stellen, es ist ein Zusammenhang beabsichtigt.

Eichmann: Jawohl.

Stimme Eichmanns: Soll die Million Juden doch hingehen, wo der Pfeffer wächst. Wir haben sie angeboten wie sauer Bier. Niemand hat sie haben wollen. Sie spielen seit 2000 Jahren die Verfolgten und schlagen auf die Tränendrüsen, um aus Westdeutschland Milliarden an Restitutionsgeldern herauszuschlagen. – *Pause* – Es gab keinen Nacht- und Nebelerlaß, wir fuhren mit den Brüdern Schlitten bei Tag und bei Sonne.

Eichmann: Ich möchte dazu, bitte, doch grundlegend –

Less: Zwei kurze Auszüge noch.

Stimme Eichmanns: In Ungarn sind so viel übriggeblieben, daß ein Aufstand gegen die jüdische Funktionärsclique und die Geheimpolizei, die von den Wohlgerüchen von Knoblauch von oben bis unten durchtränkt war, russischerseits niedergeschlagen werden mußte. – *Pause* – Mir hat einmal Müller gesagt, wenn wir fünfzig Eichmänner gehabt hätten, dann hätten wir den Krieg gewonnen. Da war ich stolz.

Less stellt das zweite Tonbandgerät ab.

Eichmann: Das war am Tage, wo alles für mich aus war, die höheren Beamten ihre falschen Papiere bekamen, Beschäftigungsnachweis, Geschäftskorrespondenz und so weiter und so fort.

Less: Wer hat das vorbereitet?

Eichmann: Die Papiere kamen von Sachsenhausen, Konzentrationslager Sachsenhausen erinnere ich mich, wo die entsprechenden Werkstätten waren. Von den Dezernatsleitern in Berlin war ich der einzige, der darauf spuckte, Herr Hauptmann, denn ich hatte meine Steyr-Armee-Pistole.

LESS: Vorsichtshalber waren Sie aber doch mal hingegangen?

EICHMANN: Er war in meinem Büro, weil nur wir, Kurfürstenstraße, als einzige nicht ausgebombt waren. Ich stand mit Müller, mit Müller in dem Zimmer, wo ich mit meinen Untergebenen zu musizieren pflegte, ich spielte die zweite Geige, mein Oberscharführer die erste, weil er der viel bessere Musiker war. Ich betrachtete den Andrang mit Verachtung und sagte zu Müller: «Da hätten erst einmal 500000 Deutsche an die Wand gehört, ehe wir das Recht auf Reichsfeinde gehabt hätten.» Ich sage das, obwohl es mir vielleicht schadet, Herr Hauptmann, weil es meine Stimmung richtig wiedergibt.

LESS: Aus welchem Zusammenhang stammen die Äußerungen, die ich Ihnen vorgeführt habe?

EICHMANN: Als ein doch vorsichtiger Mann, ich halte Vorsicht für eine Tugend, berufsmäßig, möchte ich doch sagen, daß private Tonbänder, unveröffentlichte private Tonbänder, ob nun durch Haussuchung in Argentinien erbeutet oder durch Verrat, juristisch nicht tatsächlich verwendet werden können.

LESS: Welchem Zweck sollten die Tonbänder dienen?

EICHMANN: Als Rohmaterial gedacht, zum Zwecke der späteren Geschichtsforschung, zu veröffentlichen jedenfalls erst nach meinem Tode und von mir autorisiert natürlich. Es suchte ein holländischer Journalist mich auf, ehemaliger SS-Kamerad, dessen Namen ich hier nicht preisgeben möchte –

LESS: Sein Name ist Sassen, Sassen. Er hat ein Script von 115 Seiten der Zeitschrift «Life» verkauft, und wir haben uns hier die 64 Tonbänder angehört, die plötzlich aufgetaucht sind.

Eichmann: Es ist dann ganz eindeutig Verrat, der jede Manipulation wahrscheinlich macht, Herr Hauptmann. Es ist ganz unwahrscheinlich, daß diese dahin parlierten und nicht von mir bestätigten Gespräche meine heutige Bejahung finden.

Less: Die Zusammenstellung klingt nicht besonders prozionistisch.

Eichmann: Natürlich nicht. Dieser Lump, ich kann nur sagen Lump und Journalistenschwein, wurde von interessierter nationalsozialistischer Seite in Argentinien mir angedient mit dem Wunsche zur Rechtfertigung durch meine in Judenfragen innegehabte Behördenstellung.

Less: Wollten Sie diese Rechtfertigung auch persönlich?

Eichmann: Es ist, Herr Hauptmann, für einen Verfolgten insbesondere, ein weiter Weg von diesem irgendwie Geglaubten als ehemals fanatischer Nationalsozialist zu diesem heute nicht mehr gläubigen und von der Staatsführung schuldig gemachten Anhänger. Es war das Reich mein Lebensinhalt, und ich war etwas auch gewesen, was ich vorher nicht war.

Less: Man könnte auf den Gedanken kommen, Sie seien der gemäßigte Judenfreund und Quasi-Zionist erst hier geworden.

Eichmann: Das möchte ich als graduell zutreffend bestätigen. Argentinien war ein Übergang, einerseits Rechtfertigung, kleben an alten Vorstellungen, Kameradschaft und so fort, andererseits beginnendes Umdenken. Ich habe nie so viel gewußt darüber in meiner aktiven Zeit in 4 B 4 wie in Argentinien, wo die Beschäftigung mit der jüdischen Materie war im öffentlichen Für und Wider. Ich war kein Büchermensch gewesen und interessiere mich erst heute für Tiefergehendes.

Less: Hier ist ein Manuskript, Fotokopie, «betrifft meine Feststellungen zur Angelegenheit Judenfragen und Maßnahmen». Ist das Ihre Handschrift?

Er reicht Eichmann ein dickeres Dokument.

Eichmann: Scheint mir ganz klar, auch Argentinien.

LESS: Es steht hier mit Bleistift darüber: «Achtung! Die Bleistiftstriche gelten nur für den offenen Brief an den Herrn Bundeskanzler.» War das der Zweck dieses Manuskripts? Ihre Bleistiftschrift?

EICHMANN: Es kam der Brief nicht zustande, wurde glaublich nicht veröffentlicht. Im Zusammenhang jedenfalls auch mit diesem Arsch mit Ohren, diesem Journalistenschwein, kann ich nur wieder sagen, der seinen Reibach –

LESS: Reibach?

EICHMANN: Jawohl, Reibach, was ich damals nicht erkennen konnte, denn es sollte, war glaublich als eine Mahnung gedacht, wo ich in die Pflicht genommen werden sollte als Sachkundiger in Judensachen.

LESS: An Bundeskanzler Adenauer?

EICHMANN: Bundeskanzler Adenauer, jawohl. Weil man sich vielleicht versprach hinsichtlich Staatssekretär Globke und anderer – es war die Zeit der auch in Argentinien sehr hochgespielten Milliarden an Israel –

LESS: Und da haben Sie ausgerechnet, daß es eine nennenswerte Zahl von ermordeten Juden im großdeutschen Machtbereich gar nicht gegeben hat und daß man den Leuten jetzt nicht noch Milliarden nachschmeißen soll, nachdem sie durch Sie den Staat Israel bekommen haben. Ist das so? Wieviel ermordete Juden haben Sie im Großdeutschen Reich plus Böhmen und Mähren denn schließlich gefunden? 53000 lese ich.

EICHMANN: 900000 im ganzen, Ausland und Ostgebiete.

LESS: Haben Sie das in der Phase Ihres Umdenkens geglaubt?

EICHMANN: Was mich persönlich angeht, Herr Hauptmann, so habe ich mich an den Zahlenspielereien nie beteiligen wollen. Das Dilemma war, daß im Krieg jede Stelle nach oben abrundete und jeder viel wollte und meldete und später jeder wieder abrundete nach unten, wie in unserem Falle.

Es wurde das Manuskript, ob durch Haussuchung nun

erbeutet oder Verrat, nie veröffentlicht jedenfalls, und ich war froh, da heraus zu sein.

LESS: Ich möchte Ihnen dennoch eine Stelle zitieren, es heißt hier auf Seite 6: «Während eines Krieges ist es nicht an der Zeit, seinen Gegnern Psalmen oder Hosiana singend das Gebetbuch entgegenzuhalten. Erst recht nicht in einem totalen Kriege. Die Gegner des Deutschen Reiches taten solches sehr verständlicherweise ja auch nicht. Die Parole auf beiden Seiten war: Die Feinde werden vernichtet! Und das Judentum in aller Welt hatte durch seine Führer, insonderheit durch Dr. Chaim Weizmann, dem Deutschen Reich offensichtlich den Krieg erklärt. Warum aber soll Galgenholz und Zuchthaus nur für Deutsche so billig sein?» Offenbar verteidigen Sie damit den organisierten Massenmord als eine legale Kriegshandlung?

EICHMANN: Ist nicht, Herr Hauptmann, rein gedanklich, wie ich mir überlegt habe, jeder Soldat an organisiertem Massenmord beteiligt, indem er unter Eid und Befehl tötet und in Schutt und Asche legt, was er wie ich von seinem eigenen Herzen nicht wünscht, nur eben in weniger exponierter Stellung meistens.

LESS: Massenerschießungen? Fabrikmäßige Vergasungen? Ist das vergleichbar?

EICHMANN: Es werden die modernen Kriege doch immer totaler, wie wir überall sehen, und es gibt in ihnen doch von vornherein den Völkermord, schon waffentechnisch. Es war, daß Hitler ja von allen Kulturstaaten anerkannt und großenteils sogar bewundert wurde, was sollte da ich mich verweigern, als ein Polizeioffizier wie Sie, an Eid und Befehl bedingungslos gebunden bis zum bitteren Ende.

LESS: Was war der Sinn der Wannsee-Konferenz, Januar 42, wenn die Endlösung schon lange praktiziert wurde, wie Sie dargelegt haben?

EICHMANN: Es war der Gedanke von Heydrich, ich glaube, alle hohen Behörden in diese Verantwortung mit einzuspannen, vor diesen Endlösungskarren irgendwie zu zwingen. Aber es zeigte sich, daß gar niemand gezwungen werden mußte und jeder Staatssekretär freudig zustimmte. Die ganze Sache war in eineinhalb Stunden beendet, ohne daß ich ein Wort gesagt hätte als niedrigster Rang.

Es ist das Geräusch eines Hubschraubers zu hören, das lauter wird. Ein Hubschrauber ist über dem Gefängnis stehengeblieben und löst einen Alarm aus. Das Wachpersonal gerät in Bewegung, es sind Kommandos und Befehle zu hören. Wachen stürmen in die Zelle und werfen sich auf Eichmann, der die Situation erkennt und sich gelassen gibt. Der Hubschrauber entfernt sich, der Alarm wird aufgehoben.

EICHMANN: Wir saßen am Abend am Kamin und ich, wie gesagt, mit Pontius Pilatusschen Gefühlen, denn mein Ziel war immer die politische Lösung gewesen.

LESS: Wir machen dann für heute Schluß.

EICHMANN: Ich möchte Herrn Hauptmann die angekündigte Erklärung übergeben.

15. Szene

Besucherzelle. Trennwand. Mikrofone. Bewachung. Dr. Servatius aus Köln mit seiner Sekretärin Fräulein Grude.

SERVATIUS: Was ich mal klar sagen muß als Ihr Verteidiger, Herr Eichmann, daß wir uns irgendeine Hilfe von der Bundesregierung nicht erwarten können. Was mir gesagt wurde auf meine diesbezügliche Anfrage von Adenauer, von dem Herrn Bundeskanzler Dr. Adenauer, daß der sich geäußert hätte dahingehend: «Eichmann verdient nicht, verteidigt zu werden.» Punkt. – Das hat mir übermittelt mit Bedauern der Herr Staatssekretär im Bundeskanzleramt, der Herr Dr. Hans Globke, von dem Sie vielleicht das eine oder andere auch schon mal im fernen Argentinien gehört haben, die rechte Hand des Herrn Bundeskanzlers und, ohne daß es unsere Sache wäre, das negativ einzuschätzen, der Ministerialrat im damaligen Innenministerium unter Frick, der den Juden das «J» in ihren Pässen beschert hat, die Vornamen Sarah und Israel, der Kommentator der Nürnberger Gesetze und so weiter und so fort, die Sterilisationsgesetze gegen Halbjuden nach der Staatssekretärsbesprechung am Wannsee etc., und der deshalb nicht zu tadeln ist, denn er machte das aus katholischen Gründen und um Schlimmeres zu verhüten.
Eichmann macht Servatius gestisch auf die Möglichkeit aufmerksam, daß ihre Gespräche abgehört werden.
Wir gehen als Realisten jetzt mal von der Wahrscheinlichkeit aus, Herr Eichmann, daß wir abgehört werden, aber wir kümmern uns nicht darum, denn völkerrechtlich wird von uns die Zuständigkeit des hiesigen Gerichts ganz klar verneint.

EICHMANN: Jawohl, Herr Doktor.

SERVATIUS: Wir bestreiten nicht, daß Sie als SS-Obersturmbannführer und Polizeioffizier die Ihnen erteilten Befehle des Staates ausgeführt haben und somit an Regierungsverbrechen beteiligt waren, Beihilfe und Vorschub zu Regierungsverbrechen, ein weltweites Problem für jedes Land im Kriege –

EICHMANN: Vom Sinn der Dinge her, vom Sinn des Seins, von der Schuld im ethischen Sinne –

SERVATIUS: Die lassen wir jetzt mal beiseite, das ist eine andere Sache, Herr Eichmann. Was wir beantragen, ist: Enthaftung und Strafaussetzung, ersatzweise Auslieferung an Argentinien oder die Bundesrepublik Deutschland.

EICHMANN: Da ich deutscher Staatsangehöriger bin, in die Bundesrepublik, Herr Doktor.

SERVATIUS: In Bonn hat man mir gesagt, daß Sie Österreicher seien oder staatenlos und daß Sie schon deshalb die Bundesrepublik nichts angingen.

EICHMANN: Unglaublich, ganz unglaublich, ich war in meinem ganzen Leben niemals Österreicher, als mein Vater Österreicher wurde, da war ich lange volljährig und in Deutschland.

SERVATIUS: Und staatenlos?

EICHMANN: Dann wurde das Referat IV B 4 von einem Staatenlosen geleitet. Bei meiner illegalen Ausreise nach Argentinien bekam ich einen falschen Paß auf den falschen Namen Ricardo Clement aus Bozen, mit einem falschen Geburtsdatum und katholisch, dem falschen Familienstand Junggeselle und der falschen Bezeichnung staatenlos. Ich weiß aus meiner Tätigkeit, daß ein falscher Paß nicht die wirkliche Staatsangehörigkeit ändert. Oder ist das heute anders?

SERVATIUS: Nein. Und wenn die Auslieferung deutscherseits nicht beantragt wird, verklagen wir das Auswärtige Amt wegen unterlassener Hilfeleistung. Von wem haben Sie den falschen Paß bekommen?

EICHMANN: Ich möchte die Personen nicht nennen, die mir geholfen haben. Was ohnehin bekannt ist, es ging in Deutschland über die Organisation ODESSA und in Genua über den Franziskanerorden, die vielen Verfolgten uneigennützig halfen, denn ich hatte natürlich kein nennenswertes Geld 1950 als Waldarbeiter in der Lüneburger Heide, wo ich nach der Flucht aus der Gefangenschaft untergeschlüpft war unter dem Namen Otto Henninger. Es ist Otto mein zweiter Vorname, Adolf Otto Eichmann.

SERVATIUS: Für uns ist ausschlaggebend, daß Sie nicht ordnungsgemäß verhaftet, sondern vom israelischen Geheimdienst gekidnappt wurden, unter Bruch des Territorialprinzips und unter Verletzung des Artikel 25 der Konvention der Menschenrechte.

EICHMANN: Jawohl. Ich darf darauf aufmerksam machen, Herr Doktor, ich wurde nach israelischer Lesart nur aufgefunden, nicht entführt. Eine Aussage meinerseits wurde nicht angenommen.

SERVATIUS: Wir laden als Zeugen erstens Yas Shimoni, Chefpilot des EL AL-Flugzeugs, das Sie hierherbrachte, zweitens Zvi Tohar, der mit Ihrem Krankentransport befaßte Angestellte der EL AL, und wir laden drittens Ihre Frau.

EICHMANN: Meine Frau soll nicht als Zeugin, Herr Doktor, die ganze Familie nicht.
Um was es mir geht, das ist, für mich persönlich die historische Wahrheit zu ermitteln für spätere Historiker und die Wiederherstellung meiner persönlichen Ehre als einem eidlich verpflichteten Mann in kleiner Stellung, der gleichzeitig höchster Geheimnisträger war, und an dessen Händen kein Blut klebt. Für mich und spätere Geschlechter. Ist die Bundesrepublik oder auch Argentinien dafür besser?

SERVATIUS: Argentinien ist besser, insofern ihre Straftaten seit dem 5. 5. 60 dort verjährt sind, und die Bundesrepublik ist besser, insofern es dort keine Todesstrafe gibt. Der Staatssekretär Stuckart, Teilnehmer der Wannsee-Konferenz und verantwortlich für die ganze Judengesetzgebung, wurde als Mitläufer eingestuft und ging mit 500,– Geldbuße nach Hause.

EICHMANN: Wissen Sie, daß ich mich mit Stuckart damals duellieren wollte?

SERVATIUS: Nullum crimen, nulla poena sine lege, wie es völkerrechtlich heißt. Deshalb ist keine Anklage auf «Verbrecher gegen das jüdische Volk» möglich.

EICHMANN: Würden Sie das für mich bitte wiederholen?

SERVATIUS: Nullum crimen, nulla poena sine lege.

EICHMANN *schreibt sich das auf*: Nullum crimen, nulla poena sine lege. Ich habe immer sehr bedauert, kein Jurist geworden zu sein.

16. Szene

Verhörraum.
Less und Eichmann, die ein schwer lesbares Dokument entziffern.

LESS: Ich habe hier ein Telegramm aus Belgrad, unterschrieben – Benzler oder Bessler?

EICHMANN: Benzler, ich weiß nicht, wer Benzler ist.

LESS: Er meldet hier dem Auswärtigen Amt, daß die Unterbringung von Juden in Arbeitslagern bei den jetzigen inneren Zuständen nicht mehr möglich sei, da die Sicherung nicht gewährleistet wäre. Die Judenlager gefährdeten die Truppe und sie trügen nachweislich zur Unruhe im Lande wesentlich bei. Insbesondere sei die Räumung des Lagers in Sabao oder Sabac?

EICHMANN: Sabao glaublich, ich lese Sabao.

LESS: – die Räumung des Lagers in Sabao mit 1200 Juden notwendig, da Sabao Kampfgebiet sei und in der Umgebung aufständische Banden in Stärke von mehreren tausend Mann festgestellt worden seien. Er wiederhole daher dringend seine Bitte nach sofortiger Abschiebung in Generalgouvernement oder nach Rußland. Falls das wieder wegen Transportschwierigkeiten abgelehnt werde, müsse er die laufende Judenaktion vorläufig zurückstellen, was aber gegen die ihm von Herrn Ram erteilten Weisungen sei. Benzler.
Er reicht das Dokument Eichmann.
Wer ist Ram? Ist das ein Kürzel?

EICHMANN: No, no – da Auswärtiges Amt, kann es heißen wahrscheinlich Reichsaußenminister – Ram.
Eichmann gibt das Papier zurück.

LESS: Es sind da Bleistiftnotizen jetzt hier am Rande, können Sie das lesen?

EICHMANN: Nach Auskunft – Obersturmbannführer Eichmann IV D 4, heißt IV D 4, war nie IV D 4, immer IV B 4 – Eichmann IV D 4, heißt das Annerung –?

LESS: Aufnahme.
EICHMANN: Bitte?
LESS: Aufnahme.
EICHMANN: Aufnahme im – was kann das heißen?
LESS: Rußland.
EICHMANN: Aufnahme in Rußland und Generalgouvernement unmöglich, nicht einmal die, nicht einmal die –
LESS: Juden.
EICHMANN: Juden aus Deutschland –
LESS: – können dort
EICHMANN: können dort unter –
LESS: gebracht
EICHMANN: untergebracht werden. Eichmann schlägt Erschießung vor, Erschießung vor.
LESS: Erschießen vor. Wessen Signum ist das?
EICHMANN: Weiß ich nicht.
LESS: Rademachers?
EICHMANN: Da die Notiz im Auswärtigen Amt gemacht sein muß, Randnotiz, könnte es Rademacher – ein R ist es, nicht wahr, ein R ist es, ein R ist es –, aber war Rademacher 1941, das Jahr ist 41, war da Rademacher Judenreferent im Auswärtigen Amt?
LESS: Da oben ist noch eine Notiz: D III bitte sofort –
EICHMANN: RSHA, also Sicherheitshauptamt, sprechen, dann Bericht.
LESS: Gleiches Signum.
EICHMANN: Kenn ich nicht, das Signum kenn ich nicht. Jedenfalls steht also hier klar, hier heißt es: Eichmann schlägt Erschießen vor.

Less bietet Eichmann eine Zigarette an und nimmt sich selbst eine. Sie rauchen eine Zeit. Das Tonband läuft weiter.

Das wird dann so gewesen sein, Herr Hauptmann, im deutschen Behördenweg, daß von der entsprechenden Abteilung im Auswärtigen Amt, Judenreferat, Anfrage kam, mit Vorgang, beim Reichssicherheitshauptamt, was da jetzt zu geschehen hätte, und da wird's geheißen haben, Kriegslage, kein Transportvolumen, bleibt nichts anderes übrig: Erschießen.

LESS: Es steht hier: «Eichmann schlägt Erschießen vor», daß Sie das also entschieden hätten –

EICHMANN: Oh, no, no, no, das ist natürlich wie alle diese Sachen auf dem Dienstweg gegangen, ich werde doch den Teufel tun und diesen Befehl des Erschießens von mir aus geben. Es ist dann eben die Auskunft, meiner Vorgesetzten gewesen, besser Anweisung: Erschießen.

LESS: Das geht aus der Notiz nicht hervor. «Eichmann schlägt Erschießen vor».

EICHMANN: Das ist schon bürotechnisch unmöglich, Herr Hauptmann, ich habe doch jede Kleinigkeit mir auf dem Dienstwege absegnen lassen, da werde ich bei 1200 serbischen, also ausländischen, Juden plötzlich mir einfallen lassen – da wär ich doch – absurd. Wenn das wäre, würde ich Ihnen sagen, Herr Hauptmann: hier mein Kopf – liegt auf dem – dorthin, wo er hingehört.

LESS: Ich kann mir vorstellen, daß Sie auch mal zu Müller reingegangen sind in einer dringenden Sache und gesagt haben: Herr Müller, wollen Sie das entscheiden, und er gesagt hat: Lassen Sie mich damit in Ruhe, und machen Sie das selber.

EICHMANN: Das hätte ich nie gemacht, denn das wäre nicht in Ordnung gegangen, behördenmäßig unmöglich.

LESS: Wie war der Behördenweg für die 1200 Juden?

EICHMANN: Wenn die Anfrage kam, vom Reichsaußenministerium zum Reichssicherheitshauptamt, landete die, Judenangelegenheit, bei VI B 4; der Sachbearbeiter prüft, macht mir eine Vorlage, zeichnet ab, Entwurf, den ich jetzt abzeichne, geht jetzt der Dienstweg zum Amtschef, Bitte um Entscheidung. Der Amtschef kann wiederum abzeichnen oder verwerfen, gehts's im Zweifel zu Heydrich, bis zu mir, so daß ich dann herausgehen lasse, i. A., im Auftrag, Eichmann, wie das in jeder Behörde üblich ist. Es wird bei Ihnen nicht viel anders sein.

LESS: Wenn Sie das Dokument dann unterschreiben wollen, zum Zeichen, daß Sie es gesehen haben.

Eichmann unterschreibt das Papier.

EICHMANN: Es kann natürlich irgendeiner was an den Rand kritzeln und mich zu etwas machen, was ich niemals war.

LESS: Es ist nicht die feinere Diplomatensprache vielleicht.

EICHMANN: Wir mußten doch, Herr Hauptmann, die Vorschläge des Auswärtigen Amtes oft und oft herunterbügeln.

LESS: Sie wollten sich noch einmal bemühen, an Hand der erbetenen Unterlagen zu einer ungefähren Zahl der insgesamt getöteten Juden zu kommen, überschlagsweise.

EICHMANN: Ich habe das hier detailliert.

Er gibt Less ein Blatt.

Das jüdische Jahrbuch für Europa wies damals zehn Millionen Juden auf, etwas drüber vielleicht. Bei Kriegsende haben die Alliierten dann 2,4 Millionen Juden vorgefunden. Auswanderung habe ich mir gesagt, «na gut, eine Million, eine Million zweihunderttausend oder irgendwie, wird ausgewandert sein, zwei Millionen vierhunderttausend dazu und noch auch die natürliche Verminderung», ich bin kein Statistiker, ich habe das mal so im großen mir zurechtgelegt, so daß ich mir sagte, «ja, da müssen das ja doch so irgendwie um die 6 Millionen gewesen sein», so dachte ich in meinem Sinn. Ob ich nun damit recht habe, Herr Hauptmann? Wenn ich auf etwas verweisen darf, das beste wäre die Beschaffung der Fahrpläne, die das Reichsverkehrsministerium damals erstellt hat, Reichsbahnrat Stangl –

LESS: Wir machen für heute Schluß, es ist 15 Uhr 35.

Eine dunkelhäutige Wache legt Eichmann Handschellen an und sagt lachend: «Haich hou Haich.»

EICHMANN: Was sagt er?

LESS: Er sagt, «der Mann ist der Mann».

Das ist der Text, der telegrafiert wurde, als man sie an

Hand des Blumenstraußes zum Hochzeitstage als Eichmann identifiziert glaubte.

EICHMANN: Haich hou Haich – der Mann ist der Mann.

Er hebt die Arme.

LESS: Wissen Sie, wie die Sabres hier, die Wachen das Lager nennen?

EICHMANN: Nein.

LESS: Eichmannigrad.

EICHMANN: Eichmannigrad?

LESS: Ja, Eichmannigrad.

EICHMANN: Eichmannigrad, Donnerwetter!

17. Szene

a

Lichtkammern.
Paola Maturi informiert ihren Rechtsanwalt.

Paola Maturi: In der Nacht vom 4. auf den 5. Februar kamen Männer mit Kapuzen in meine Sicherheitszelle und zwangen mich aufzustehen. Ich hatte sie nicht gehört. Sie fesselten mir die Hände auf dem Rücken und verbanden mir die Augen mit einem getränkten Tuch. Wenn ich mich wehrte, schlugen sie mich und rissen mich an den Haaren. Ich hatte nur einen Pullover an und eine Pyjamahose. Sie setzten mir eine Kapuze auf und brachten mich in einen Kleinbus, der mit mir wegfuhr. Es waren zwei oder drei Männer dabei, und einer teilte mir mit, daß ich entführt sei, daß ich mich in einer illegalen Lage befände. Sie zogen mir den Pullover aus und stießen mich wie einen Ball zwischen sich hin und her. Meine Augen brannten unerträglich, und ich dachte, sie fahren mich irgendwohin und bringen mich einfach um. Dann hielt mich einer fest, und sie fingen an, mir die Brüste zu betatschen und mir die Brustwarzen langzuziehen. Dabei beschimpften sie mich, ich sei ein Stück Scheiße, eine Terroristin, eine Hure, die nur gefickt werden wolle. Sie brachten mich in eine Wohnung mit vielen Männern nach der Anzahl der Stimmen und zogen mir dort auch die Pyjamahose aus, so daß ich nackt mit verbundenen Augen vor ihnen stand, die Hände auf dem Rücken gefesselt. Die Augen schmerzten, daß ich sie mir hätte ausreißen mögen, und sie begannen mit ihren Fragen. Wenn ich nicht antwortete, schlugen sie mir mit der Faust in den Unterleib oder mit den Füßen. Ich flog an die Wand, und es kam die nächste Frage, der nächste Fußtritt, Fußtritte überallhin und neue Fragen. Was mich fast wahnsinnig gemacht hat, war irgendwas Heißes, das sie mir in die Vagina eingeführt haben und in den Anus, oder injiziert, es waren Stiche und Stromschläge, die Wirbelsäule entlang ins Hirn und dabei zogen sie an meinen schon blutenden Brustwarzen. Sie nannten mich eine Sympathisantenhure und fragten, von wem ich mich ficken lasse und wie, und daß sie mich jetzt arschficken würden, obwohl sich ihr Schwanz davor ekle, es mir zu machen. Sie zwangen mich, etwas zu rauchen, was ich nicht gekannt habe, ein ganz fremder Geschmack, und mir war alles egal. Ich habe ihnen ein Protokoll unterschrieben über alles, was ich gesagt hätte, und ich habe das vielleicht auch gesagt. Ich hätte einfach alles unterschrieben, und sie haben mich dann ins Polizeipräsidium zurückgebracht.

Am nächsten Morgen verlangte ich den Beamten der Politischen Polizei zu sprechen, der mich verhaftet hatte, aber der meinte, da hätte mir meine Phantasie wohl einen Streich gespielt, was ich erzählte, sei meine Horror-Phantasie. Da habe ich ihn ein dreckiges Digoschwein genannt, das ich gerne in die Beine schießen würde, und er hat das aufgeschrieben. Ich habe aber nichts unterschrieben.

b

Ein Polizist berichtet aus Venetien.

Polizist: Ich bin gegen jede Art von Gewalt. Weil Gewalt bei Verhören überhaupt nichts bringt. Nicht wenn es sich um intelligente Personen handelt, und wir haben es bei diesem Täterkreis der Rotbrigadisten überwiegend mit intelligenten Fanatikern zu tun.

Wenn ich die Protokolle von Leuten zu lesen kriege, die mit Schlägen traktiert wurden, Anoden, Spritzen, benzingetränkten Augenbinden etc. etc., dann weiß ich, daß die Protokolle wertlos sind und daß es sich bei den Kollegen um Dummköpfe handelt. Die Leute werden die Aussagen widerrufen, und in den Zeitungen wird von Folter geschwafelt. Man sollte die Beamten rausschmeißen oder ausbilden, wenn sie genug graue Zellen haben. Die einzig effektiven Methoden im Verhör sind die psychologischen, ich helfe vielleicht ein bißchen nach, wenn ich unter Zeitdruck verhöre, zum Beispiel mit Getränken, mit leichtem Salzwasser, das keine Zeichen hinterläßt. Wenn der Verhörte starken Durst hat, lasse ich ihm meine Thermosflasche mit Wasser auf dem Tisch und gehe einen Kaffee trinken. Wenn ich zurückkomme, hat er das Salzwasser von ganz allein ausgetrunken, und er will immer mehr. Es kommt ihm vorne und hinten raus, er kann nicht aufhören zu trinken. Jetzt bringst du ihm frisches Wasser oder einen Kaffee. Der Verhörte muß ein Gefühl der Minderwertigkeit durchleben, er muß spüren, daß er nicht durchkommen wird, daß es keinen Ausweg gibt, daß du schon alles weißt und daß er von dir abhängig ist, daß ihr Partner seid, ein Duo, nur du überhaupt verstehst ihn, respektierst ihn. Das geht natürlich nicht gleich, du mußt ihn stundenlang wachhalten, ich habe in den heißen Tagen in Venetien 28 Stunden im Rahmen der Dozier-Entführung mit einem eisenharten Burschen nur geredet, und wie ich mich von einem Kollegen ablösen lasse, weil ich nicht mehr konnte, hat er auf den Tisch gekotzt und immer noch nicht kooperiert. Ich habe nichts anderes gemacht, als ihm den Kopf immer wieder aufgehoben, wenn er einschlafen wollte, und Mitleid gezeigt, das ich tatsächlich auch hatte, und daß er nicht durchkommt, auch wenn es einen Monat dauert, und daß du ohnehin alles weißt. Es hat bei ihm zweieinhalb Tage gedauert, da sind ihm die Arme runtergefallen und es bildete sich unser Kontakt. Ich wurde sein Rettungsanker, seine Vertrauensperson, der er etwas fast Privates anvertraute, der ihn versteht und von dem er sich Diskretion erwarten darf. Natürlich muß man dabei einige Re-

geln beobachten, einige Techniken kennen, und du mußt ihm ein Alibi geben, um vor sich selbst zu bestehen, und auch vor seinen Ideen.
Es gibt in ganz Italien nur ungefähr zweihundert Fachleute, die ein psychologisches Verhör wirklich führen können. Deshalb wird soviel Mist gebaut.

c

Aussage Irmgard Möllers vor dem Untersuchungsausschuß des Landes Baden-Württemberg.

IRMGARD MÖLLER: In der Nacht zum Dienstag, 18. Oktober, habe ich mich ziemlich früh schlafen gelegt, angezogen, was heißt schlafen, eben hingelegt, es war ein Dämmern. Am Nachmittag war ein Mann aus dem Kanzleramt gekommen und hat Andreas (Baader) gefragt, ob er die Leute vom Kommando in der «Landshut» kenne und ob ein Kennwort vereinbart sei. Andreas hat das verneint. Es war der Zusammenhang wohl, damit die GSG 9-Sache klarging. Wir wurden allezeit von Leuten des Bundeskriminalamtes besucht, auch von Anstaltsgeistlichen, die immer zu zweit kamen, was ich aber abgelehnt habe. Was wir wußten, wußten wir von der Staatsschutzseite selber. Wir riefen uns zu, was wir wußten, indem wir uns nachts an die Türspalte unter der Abdeckung legten oder übertags, wenn die Abdeckung nicht da war und die Beamten im Flur jedes Wort natürlich hören konnten. Wir wußten nicht viel und nichts Genaues über den Stand der Flugzeugentführung, hatten aber die Fragebogen abgegeben, in welches Land wir ausgeflogen werden wollten. Versprechungen einerseits und Hoffnungen, und andererseits Angst, weil wir mit der Möglichkeit rechneten, um-

gebracht zu werden. Wir hatten die Erfahrung mit Ulrike.
Es war eine Art Halbschlaf, keiner von uns kam ohne Beruhigungsmittel aus, und wir fürchteten auch, daß uns auch sonst noch Mittel ins Essen oder ins Trinkwasser gegeben wurden. Die Pfarrer haben ja über unseren psychischen Zustand berichtet, und tatsächlich tickte keiner von uns alles mehr so ganz richtig in jeder Situation dieser langen Kontaktsperrezeit. Da hörte man schon mal auch die eigenen Stimmen in seinem Kopf. Ich wunderte mich, daß die das Neonlicht in der Zelle nicht wie sonst ausmachten und machte es selber aus. Wie Sie wissen, war auch die optische Überwachungsanlage auf dem Umschlußflur vor den Zellen ausgefallen und die akustische auch, wie ich in der Nacht aufwachte, habe ich mir eine Kerze angezündet und versucht, etwas zu lesen, so bis gegen halb fünf, fünf Uhr hat die Kerze gebrannt. Ich hörte eine Toilettenspülung ein paarmal gehen, als ob jemand was wegspülen wolle. Es war auch ein unbestimmtes Geräusch auf dem Flur, bildete ich mir ein. Ich legte mich an die Türspalte und rief: «Jan, bist du noch wach?» Ich rief zwei- oder dreimal, bis Raspe antwortete. Ich fragte: «Was machst du?» Er antwortete: «Ich lese noch.» Jan war die Zelle gegenüber seit wir das letzte Mal verlegt worden waren, ich hatte 725, neben der Glaskanzel, die nachts aber nicht besetzt war, Jan neben der Nottreppe nach außen, aber auch nach innen natürlich. Ich legte mich wieder hin und deckte mich zu. Ich war müde, wollte aber auch die Anstaltsnachrichten nicht verpassen, die um sieben kamen. In einer Art Halbschlaf habe ich eine Zeit gedämmert. Es kann nicht lange nach fünf gewesen sein, da hörte ich leise zwei gedämpfte Knallgeräusche und ein leises Quietschen. Ich habe den Kopf gehoben, bin aber sogleich wieder eingeschlafen. Ich bin den Geräuschen nicht nachgegangen, dachte an Türschlagen, ich meine aber heute, das waren Pistolenschüsse. Das letzte, woran ich mich erinnere, bewußt von mir wahrge-

nommen, war ein starkes Rauschen im Kopf, ein Gefühl von starkem Rauschen im Innern meines Kopfes. Ich weiß nicht, was das war, und ich habe auch nichts gesehen, auch keinen Schmerz empfunden. Ich wachte wieder auf, als mir die Lider hochgezogen wurden. Ich lag auf einer Bahre, habe wahnsinnig gefroren und war voll Blut. Es war im Umschlußflur vor den Zellen, glaube ich, unter den Neonlichtern des Trakts. Ein Mann sagte: Baader und Enslin sind schon kalt. Ich machte die Augen wieder zu und war wieder weg. Ich habe mir die vier Stichwunden in die linke Brust und in den Herzbeutel nicht selber beigebracht, und es hat zwischen uns zu keiner Zeit eine Abrede zum gemeinsamen Selbstmord gegeben. Vielleicht hätte ich mir dazu auch nicht die runde Messerklinge des Eßbestecks ausgesucht, ich hatte Rasierklingen in der Zelle und eine große spitze Papierschere. Ich habe gehört, man sieht darin «einen sehr kühl eingesetzten Baustein in die Mordtheorie». Also, ich habe keine Ahnung, wer mir die Stiche beigebracht hat, ich weiß nicht, warum ich ein schwarzes T-Shirt statt meines Nicki-Pullovers am Morgen anhatte, warum meine Zelle verwüstet war, warum man zwei Stunden brauchte, um einen Hubschrauber zu finden, der mich auf die Intensivstation der Uniklinik in Tübingen brachte, und warum man mich fünf Tage später in die Psychiatrie des Haftkrankenhauses Hohenasperg verlegte.

Nach dieser Nacht, ich glaube, war dieses Land ein anderes.

18. Szene

Ein fensterloser Raum, der zum Vorführen von Filmen hergerichtet worden ist. Der Raum ist nur schwach beleuchtet. Es sitzen rechts und links ein paar verstreute Leute mit dem Rücken zum Publikum. Der Filmvorführer macht einen kurzen Probelauf, um die Filmteile scharf einzustellen, den Ton zu regulieren etc. Gefängnisdirektor Ofer kommt mit Eichmann und Less. Eichmann, leger angezogen, Pullover, sackige Hose, karierte Hausschuhe, ist an eine Wache gekettet, die Wache ist an eine zweite Wache gekettet. Ofer, Less, Eichmann und die Wachen setzen sich in die erste Reihe vor die Filmleinwand, mit dem Rücken zum Publikum.

An der Tür ebenfalls Wachen.

OFER *zu Eichmann*: Es sind die Filmdokumente, die von der Anklageseite in den Prozeß eingebracht werden. Sie sind Ihrer Verteidigung zur Kenntnis gebracht worden, und Sie sollen nach dem hier gültigen Strafrecht ebenfalls die Gelegenheit haben, die Dokumente zu sehen.

EICHMANN: Jawohl.

OFER: Es sind nicht nur Judensachen, es sind auch Zigeunersachen dabei.

EICHMANN: Zigeunersachen?

LESS: Was war eigentlich der Grund, daß man auch die ganzen Zigeuner vernichtet hat?

EICHMANN: Der Zigeunerbefehl, wenn ich mich recht – ich kann mich an sich überhaupt nicht entsinnen, das ist eine Sache gewesen, glaub ich – Führer-Reichsführer, es kam plötzlich, plötzlich daher und war befohlen.

LESS: Was war Ihnen befohlen?

EICHMANN: No, no, nie IV B 4 – Zigeuner hat der Reichsführer selber bestimmt.

LESS: Was hat er bestimmt und warum?

EICHMANN: Die Richtlinien bei Zigeunern, die waren einfach gewesen, sind von keiner Sparte etwa bei uns volkskundlich, Herkommen, Sitten und Gebräuche irgendwie behandelt worden. Es waren ja nicht allzuviel Zigeuner gewesen im Reichsgebiet.

LESS: Gab es nicht zwischen 700000 und einer Million Zigeuner?

EICHMANN: Zigeuner?

LESS: In Polen, Rußland, Ungarn, Rumänien –

EICHMANN: Das weiß ich nicht, Herr Hauptmann, es hat bei IV B 4 niemanden gegeben, der sich mit Zigeunern befaßt hat. In Auschwitz, ich glaube, es gab Zigeunerfamilienlager, ich bin da nicht der nötige Fachmann, Herr Hauptmann.

LESS: Was ist ein Fachmann? – Ich habe vor zwei Tagen in einem Café zwei Juden zugehört, zwei deutschen Juden. «Fachmann – Fach-mann, was ist ein Fachmann?» wird von einem gefragt. «Fachmann? – Das ist der Mann mit der Fach», erklärt ihm der andere.

Ofer lacht, Eichmann schaut verständnislos. Ofer fragt neuhebräisch, ob der Vorführer soweit sei. Der Vorführer antwortet, daß er nur auf ihn warte.

EICHMANN: Bei Zigeunern auch nur wiederum die transporttechnischen Angelegenheiten, weil die Zigeuner, glaub ich, habe ich ja erst viel später bekommen, da waren keine mehr da.

Der Vorführer läßt die Filmzusammenstellung ablaufen. Filmdokumente über das Warschauer Getto, die Befreiung der in Auschwitz überlebenden Häftlinge, die Essen vom Boden klauben, schwarzen Sirup löffeln, Uhren, Gebisse, Brillen, Rasierpinsel, Puppen in Behältern, Gräber entleeren mit Gasmasken, weibliche Wachmannschaften, die in Gefangenschaft gehen, Kinder, die ihre Arme aufkrempeln, um ihre eintätowierten Nummern zu zeigen, ein liegender Mann, der mit schwacher Bewegung winkt. Im Warschauer Getto: Jüdische Polizei; ein Nazi, der sich von Juden grüßen läßt; Markt mit armseligen Gütern; jüdischer Polizist treibt Juden aus enger Haustür, zwei Kindern werden Wasserrüben abgegriffen, die sie von draußen reinbringen wollen; Aufladen einer Leiche, zwei Kinder, die Bettellieder singen «Giete Leite hot rachumes» …

Auschwitz: Kinderzug zwischen Stacheldrahtgassen aus einer russischen Dokumentation; Galgen-Klappe; Prügelbock.

Aus einer amerikanischen Dokumentation: Frauenlager Mauthausen. SS-Frauen; SS-Bewacher; Aufseherinnen schaffen Leichen weg; Häftlinge tragen Leichen weg. Kriechender Mann, der von einem Brot abbeißt; eine Schubraupe schiebt tote Häftlinge in ein Massengrab.

Aus deutschen Aufnahmen: Nackte jüdische Frauen, die vorbeigewinkt werden; Einsatzkommando Erschießungen; ankommende Juden auf einem Bahnsteig; Offiziersgruppe; Kommandantenvilla; Krankenblock; Leichenmeiler; Mann im Draht.

Die Filmteile finden sich im Staatsarchiv in Jerusalem unter der Nummer T 1382 und im Museum Yad-Vashelm, Tel Aviv.

Der Zusammenschnitt für die Szene soll etwa acht Minuten lang sein. Eichmann gibt bei dem Schubraupenbild Zeichen, den Film zu unterbrechen.

EICHMANN *springt auf*: Stopp! Halt! Anhalten, wenn ich bitten darf! Stopp! Stopp!

Ein Mann ist von hinten nach vorn geeilt, um die Szene zu fotografieren.

OFER: Was ist? Sind das die Bilder? Was haben Sie, Herr Eichmann?

EICHMANN: Ich muß, zu meinem Bedauern muß ich feststellen, daß ich nicht informiert wurde, daß bei dieser Filmvorführung auch justizfremde Personen anwesend sein dürfen. Ich wäre in diesem Fall nicht in Filmpantoffeln und dieser Sackhose gekommen! – Was gehen mich all diese grauenhaften Bilder an? Was habe ich damit zu tun?

LESS *schreit*: Sie haben damit zu tun! Sie haben die umgebracht? Kain! Kain! Kain! Kain, wo ist dein Bruder Abel!

Ungeheuer! Unhold! Judenmörder!

In einem Blitzlichtgewitter steht Eichmann ratlos mit zuckendem Gesicht.

Zweiter Teil

Das Strafgefänfnis Ramleh liegt 60 Kilometer von Jerusalem entfernt im Judäischen Gebirge.
Die Abteilung mit der Todeszelle ist innerhalb des Gefängnisses für Eichmann errichtet worden.
In einer Betonmauer befindet sich eine Eisentür mit einem Sehschlitz. Die Tür kann nur von außen geöffnet werden. Der Beamte hinter der Tür reicht den Schlüssel durch den Sehschlitz, nachdem er den Besucher inspiziert hat. Hinter der Tür ist ein schmaler, oben offener Innenhof, durch den man zu einer zweiten Eisentür kommt. Diese Tür läßt sich nur von innen aufschließen. Den Schlüssel verwahrt der Beamte draußen. Er überreicht ihn dem inneren Türwächter nach dessen erneuter Inspektion des Besuchers. Ein in sich abgeschlossenes Treppenhaus, das keinen Zugang von anderen Gebäudeteilen hat, führt über eine Eisentreppe bis zum dritten Stock. Der Besucher wird von einem Beamten begleitet, der den Schlüssel für die Tür zum dritten Stock hat. Er reicht den Schlüssel nach erneuter Inspektion durch die Türklappe dem inneren Wächter, und der öffnet die Eisentür. Um in die Besucherzelle des Trakts zu gelangen, müssen zwei weitere Türen aus Eisenstäben aufgeschlossen werden. Eine Gittertür versperrt schließlich die innere Zelle des Gefangenen.
Die Abteilung hat vier Räume: eine Küche, wo das Essen für alle zubereitet wurde, ein Büro für den Direktor, das auch als Aufenthaltsraum für die Gefängnisbeamten diente, einen Besucherraum und die Todeszelle.
Keiner der Beamten in der Abteilung hatte eine Waffe, und sie konnten nur heraus, wenn ihnen von draußen die jeweiligen Schlüssel durch die Türklappen gegeben wurden.

1. Szene

Todeszelle.
Eichmann im grellroten Anzug der zum Tode verurteilten und gefesselt, diktiert einen Brief an seine Frau Vera.

EICHMANN: Liebe Vera!
Es ist soweit. Das Urteil ist gesprochen, wenn auch noch nicht rechtskräftig. Urteil vielleicht in Gänsefüßchen, verehrtes Fräulein Grude. Die Erwartung meiner Verteidigung auf «Wiederherstellung des Rechts» ist tief enttäuscht worden. Sie sagen Recht und meinen Rache! Sie machen sich nicht die Mühe, die wahren Schuldigen zu suchen, sondern üben kleinliche Rache an den ihnen ausgelieferten gehorsamen Opfern. Diese werden entweder von ihren Regierungen gehängt, wenn sie nicht gehorchen, oder sie werden danach von den andern gehängt, wenn sie gehorcht haben. Hier und überall, gestern und heute. Ich will mich nun heute nicht kleiner machen und mit diesem Urteilsspruch ins Gericht gehen, denn ich selbst bewege mich längst außerhalb der Empfindungen von Hoffnung und Erwartung und will von nun an schweigend hinnehmen, was ich doch nicht ändern kann. Was an mir lag und von mir erwartet werden konnte, habe ich vollbracht. Niemand in meinem Volke und in der Welt, nicht einmal im jüdischen Volk, wird mir ernstlich den Vorwurf machen wollen, daß ich in diesen neunzehn Monaten, genau neunzehn Monaten und drei Tagen, insgesamt also genau 583 Nächten und 582 Tagen, in denen ich allein auf mich gestellt die letzte Schlacht des Zweiten Weltkrieges schlagen mußte, versagt hätte. Ohne Befehl, ohne Vorgesetzten, allein dem Gesetz in m i r Gehorsam leistend, habe ich an vorderster Front gekämpft, und kämpfend bis zuletzt werde ich also als letzter sterben.
Im Angesicht der Weltöffentlichkeit, vor den Fernsehkameras der ganzen Welt, habe ich in diesen neunzehn Monaten gesprochen und geschrieben wie vor mir niemand

und sicher kein Angeklagter. Ich habe ungeschminkt die Wahrheit gesagt, wie ich das im Mai 1960 erklärt habe, und meine Ehre öffentlich verteidigt. Die Geschichte mag ihr Urteil sprechen.

Ich bat nur um ein kurzes Schlußwort: «Ich bin nicht der Unmensch, zu dem man mich macht. Ich bin das Opfer eines Fehlschlusses. Meine Schuld war mein Gehorsam. Ich bin der tiefen Überzeugung, daß ich hier für andere herhalten muß und der Prozeß für anderes.» Den Rest der mir zum Leben verbleibenden Tage bleibe ich in meinen Gedanken allein mit Dir, meiner geliebten Frau, meinen Kindern und Enkelkindern. Die Zwiesprache, die ich mit Euch halte, soll mein Vermächtnis sein. Verehrtes Fräulein Grude, ich bitte, das bisher Diktierte als einen Entwurf zu behandeln, den ich vielleicht als eine Erklärung auch in das Buch nehme, das ich noch schreiben möchte, wenn es mir von meinem Schicksal vergönnt ist. Es soll das Schlußwort von Dr. Servatius jedenfalls dem Brief beigelegt werden, weil es einen ausgezeichneten Querschnitt zum Verständnis meiner Lage gibt. Liebe Vera, lieber Dieter, lieber Helmut, lieber Horst, was immer in diesen Tagen in der beherrschten Weltmeinung über mich geschrieben wird, ich versichere Euch –

Der Gefängnisdirektor Ofer kommt, Eichmann steht auf.

OFER: Sie arbeiten noch, Herr Eichmann?

EICHMANN: Ich schreibe den monatlichen Brief an meine Frau.

OFER: Der Arzt ist ein bißchen besorgt wegen der großen Belastung und hat Ihnen Beruhigungsmittel verschrieben.

EICHMANN: Ich brauche kein Beruhigungsmittel, ich bin ganz ruhig und auf alles vorbereitet.

Er breitet die Arme aus, um die Fesselung vorzuführen.

OFER: Ich bedaure, daß es mir bisher nicht gelungen ist, die Anordnung aufzuheben. Wenigstens in der Zelle.

EICHMANN: «Höflich bis zur letzten Galgensprosse» ist eine deutsche Redensart. Mein Anwalt hat mir erzählt, er hat das in einer Regierungsverlautbarung gelesen, daß mein Glaskäfig so konstruiert war, daß die Leute im Saal, daß niemand die gleiche Luft mit mir atmen mußte, ich hatte eine eigene Luftzufuhr!

OFER: Ich finde das so lächerlich wie Sie. Es war nicht meine Verantwortung.

EICHMANN: Sehen Sie! Sehen Sie! *Er meint, wie die Ermordung der Juden nicht von ihm zu verantworten gewesen sei.*

OFER: Das steht in keinem Verhältnis zueinander.

EICHMANN: Wer beurteilt das? Ich stelle mir heute Fragen, die ich mir früher nicht gestellt habe. Ich lese Bücher, die ich früher nicht gelesen habe.

OFER *neuhebräisch zu einer Wache*: Nimm ihm die Fesseln ab.

Die Wache tut das.

EICHMANN: Ich fühle mich sehr wohl. Ich führe eine Arbeit zu Ende, die ich selbst gewollt habe. Die Zeit vergeht hier ungeheuer schnell. Ein falsches, falsches Spiel geht jetzt für keinen auf.

OFER: Ich will Sie etwas fragen, als einen Experten.

EICHMANN: Bitte.

OFER: Was hätten die Juden tun sollen? Wie hätten sie sich nach Ihrer Meinung wehren können?

EICHMANN: Verschwinden, verschwinden. Unsere empfindliche Stelle war, daß sie verschwinden, ehe sie erfaßt und konzentriert waren. Unsere Kommandos waren zahlenmäßig so schwach, und selbst wenn uns die Polizei des jeweiligen Landes mit allen Kräften half, hatten sie eine Chance von wenigstens fünfzig zu fünfzig. Massenhaftes Flüchten wäre für uns eine Katastrophe gewesen.

OFER: Und warum sind sie nicht verschwunden?

EICHMANN: Hoffnung und Selbstbetrug, die Engel der Verfolgten. Ich habe das in fünfzehn Jahren an mir selbst erfahren.

OFER: Es hat sich der kanadische Pfarrer neu gemeldet, der Sie unbedingt mit seiner Frau besuchen will. Das Justizministerium hat dem Besuch zugestimmt, wenn Sie das wollen.

EICHMANN: Dr. Servatius hat mir zugeraten. Ich möchte hören, was sie mir zu sagen haben.

OFER: Gut dann, gut. Wenn Sie noch Wünsche haben?

EICHMANN: Ich möchte abends eine Stunde länger arbeiten dürfen und bitte, mir die Bücher schnell zukommen zu lassen, um die ich Dr. Servatius gebeten habe. Meine Zigarettenration bitte ich, wenn möglich, auf zwölf zu erhöhen und vielleicht ein oder zwei Glas Rotwein am Abend. Es ist kurz vor acht, und ich möchte gerne – allein sein.

OFER: Ich veranlasse das, ich wünsche eine gute Nacht.

Ofer verläßt die Zelle, Eichmann steht auf. Danach setzt er sich auf sein Bett und macht eine Versenkungsübung, die ihn in gedanklichen und emotionalen Kontakt zu seiner Frau Vera bringen soll, wie er das mit ihr zwischen sieben und acht Uhr brieflich vereinbart hat. Schließlich geht er sehr gesammelt an seinen Tisch zurück, hört den letzten Satz des Diktats und setzt fort.

EICHMANN: – versichere Euch bei der ewigen Ruhe meiner und Deiner toten Eltern, liebe Vera, bei der ewigen Ruhe meines gefallenen Bruders Helmut und Deinen gefallenen Brüdern, daß ich

a) nie getötet,

b) nie einen Befehl zum Töten gegeben habe.

Liebe Vera, es ist die Stunde zwischen 19 und 20 Uhr israelischer Zeit, wo wir uns wie jeden Tag mit unseren telepathischen Kräften geistig vereinigen wollen. An unserer Liebe und Zuneigung hat sich in dreißig Jahren nichts geändert. Wir beide sind ein einziger Teil des kosmischen Ganzen. Mein Geist ist frei und nicht zu zwingen. Er ist bei Dir und unseren vier Söhnen, die Garanten unserer nie sich verlierenden Liebe sind. Wir werden geboren, um zu lieben und zu sterben. Es ist unser vom Werden des Seins gewolltes Schicksal. Ich bin ganz ruhig und beschäftige mich mit den Hintergründen des menschlichen Daseins. Es fiel mir der Text des Lieblingslieds von meinem Vater hier wieder ein, an das ich lange nicht gedacht hatte: Was Gott tut, das ist wohlgetan / was er nun auch verfüget, / ich bin darob vergnüget, / Gott wird mich nicht verlassen. Es hat sich hier ein kanadischer Pfarrer von der Christian Science um Besuche bei mir bemüht, und ich habe freudig zugestimmt, denn man muß auch mal mit jemandem sprechen. Ich hoffe, daß Dich das ebenfalls beruhigt.

Ich hätte ja durch anderes auch zu Tode kommen können, durch Autofahren, Reiten oder andere Alltäglichkeiten, so mußt Du es sehen. Keine Tränen und keine Verzweiflung, sondern Mut und Trotz.

Segne unseren neuen Enkel Marcelito von mir und segne unsere argentinischen Schwiegertöchter. Es ist mir eine große Freude, daß meine zweite Mutter Hansi noch segnen konnte.

Ich habe Dir, mein lieber Hansi, etwas für Deine Männchensammlung geschnitzt, es soll Dich erfreuen und schützen. Du brauchst Dich aber wirklich nicht zu ängstigen, denn es raubt Dich kein Mensch.

Ich bin am Heiligen Abend, wiederum 19 bis 20 Uhr israelischer Zeit, ein stiller Lauscher bei Eurer Bescherung und habe meinem Christkind auch schon einen Überraschungsauftrag für meinen herzlich geliebten Hansi-Ricardo gegeben. Die Mami spielt Euch vielleicht dazu etwas Österreichisches vor, was wir im ersten gemeinsam besuchten Konzert vor dreißig Jahren gehört haben.

Zieht nie auseinander und haltet wie Pech und Schwefel zusammen. Das ist mein Wunsch und Trotz. Denkt an die Kraft der chinesischen Familie, von der dieserhalb viel zu lernen ist.

Am 20. jeden Monats werde ich einen Brief an Dich schreiben, so lange das noch geht, das heißt die Berufung anhängig ist. Vorsorglich gratuliere ich Horst zum Geburtstag im Januar, Klaus im März und Dir, liebe Vera

zum 9. April, weil ich nicht weiß, ob ich Euch noch schreiben kann.
Noch einige Punkte, liebe Vera, die ich zu beherzigen bitte:
Ricardo soll in die katholische Schule gehen, aber nicht Priester werden, sondern Ingenieur oder etwas Ähnliches.
Dieter soll schnellstmöglich das Eisengitter um den Pozo (Brunnen) im Garten durch ein starkes Bronzegitter ersetzen, denn Bronze rostet nicht. Es könnte sonst ein spielendes Kind dort einbrechen, und das belastet mich. Schnellstmöglich.
Ich habe ein Testament verfaßt, das Dir Dr. Servatius übermitteln wird. Meine Leiche soll in Österreich verbrannt werden, ein Siebtel der Asche kommt auf das Grab meiner Eltern, sechs Siebtel sollen Dir ausgehändigt werden. Die Ahnentafel, Dokument 21, geht an Dich, auch der literarische Nachlaß, soweit er nicht der vereinbarten Honorierung der Verteidigung noch zu dienen hat.
Wenn Du willst, kannst Du Dir die kleinen Ölbildchen, die ich hier gemalt habe, einrahmen lassen und aufhängen.
Was Du mir allezeit warst und sein wirst, ich war sehr stolz auf Dich. Ich umarme Dich und jeden einzelnen unserer Söhne, Schwiegertöchter und Enkelkinder herzinniglich Euer Papa.

14. Dezember 61

2. Szene

Der Besucherraum ist eine Zelle, etwa 2 mal 3,5 Meter groß. Der Raum ist durch eine Mauer von der eigentlichen Todeszelle abgeteilt worden. Eine Gittertür führt hinten links in Eichmanns Zelle. Der kleine Raum ist in der Mitte durch eine Querwand unterteilt, deren unterer Teil etwa meterhoch aus Holz und deren oberer Teil aus kugelsicherem Glas besteht. Die Trennwand hat auf beiden Seiten ein schmales Holzbord und einen Klapptisch mit Mikrofon und Kopfhörern. Eine verschlossene Tür in der Trennwand stellt die Verbindung zwischen den beiden Teilen des Raumes her. Im hinteren Teil der Kammer ein vergittertes Fenster, das auf den ehemaligen Balkon führt. Dort steht ein Wächter, der in den Raum schaut.

Der Gefängnisdirektor Ofer führt den kanadischen Pfarrer Hull und dessen Frau in den Besucherteil des Raumes, eine Wache bleibt in der Nähe der Tür. Eine andere Wache bringt Kaffee.

HULL: Da Jesus Christus für alle Menschen gestorben ist, ist er auch für Adolf Eichmann gestorben. Wir wollen ihn zu Jesus Christus führen.

OFER: Wir haben den Sonntag und den Mittwoch zehn Uhr dafür reserviert.

FRAU HULL: Um zu seinem Herzen vorzudringen, möchten wir gern ohne Trennwand und ohne Mikrofone mit ihm sprechen.

OFER: Das ist nicht möglich.

FRAU HULL: Wir haben eine deutsche Bibel mitgebracht, die wir ihm hierlassen möchten.

OFER: Der Sicherheitsdienst wird die untersuchen.
Er gibt die Bibel einem Beamten.
neuhebräisch – Ich bitte den Gefangenen vorzuführen. – *deutsch* – Es ist Mittwoch, der 20. April 1962, 10 Uhr 10 vormittags.

HULL: Werden die Gespräche aufgenommen?

OFER: Nein.

Eichmann wird von zwei Wachen gebracht. Er trägt den grellroten Anzug. Im Kreuzzug an Armen und Beinen gefesselt, kann er nur in kleinen Schritten gehen. Die Fesseln werden ihm auf die hebräische Anweisung des Direktors abgenommen. Eichmanns Gesicht ist sehr bleich, er wirkt erschöpft, er bemüht sich um Haltung, er kann seine facialen Gesichtszuckungen im Anfang des Gesprächs kaum unterdrücken. Er bleibt in militärischer Haltung stehen, bis er zu seinem Stuhl gebracht wird. Er setzt sich die Kopfhörer auf wie er sieht, daß sich Hull und seine Frau die Kopfhörer aufsetzen. In dem kleinen Raum sind jetzt außer Eichmann, Hull, Frau Hull und dem Gefängnisdirektor fünf Wachen.

HULL: Guten Tag.

EICHMANN: Guten Tag.

Pause.

HULL: Wir kommen, um Ihnen zu helfen.

Pause.

EICHMANN: Würden Sie mir sagen, wer Sie sind und welcher Konfession Sie angehören?

HULL: Mein Name ist William Lovel Hull, ich stamme wie meine Frau aus Kanada. Ich bin Protestant, das ist, soviel ich weiß, auch der Glaube Ihres Elternhauses, er beruht auf der Bibel.

EICHMANN: Ich kenne Gott, ich habe die Verbindung zu ihm nie verloren.

HULL: Wir haben Ihnen eine deutsche Bibel mitgebracht, die im Augenblick noch untersucht wird, so bitte ich meine Frau, die Stellen zu lesen, die wir vorbereitet haben. Zunächst über den Unterschied zwischen dem Gericht Gottes und dem der Menschen, Lukas 12, 4–5.

FRAU HULL *liest:* «Ich sage euch aber, meinen Freunden: Fürchtet euch nicht vor denen, die den Leib töten und danach nichts mehr tun können. Ich will euch aber zeigen, vor welchem ihr euch fürchten sollt: Fürchtet euch vor dem, der, nachdem er getötet hat, auch Macht hat, zu werfen in die Hölle. Ja, ich sage euch, vor dem fürchtet euch.» Amen.

HULL: Beachten Sie bitte, es gibt zwei Gerichte, ein menschliches und ein göttliches. Fürchten soll man sich vor dem Gericht Gottes, das Sie noch zu erwarten haben.

EICHMANN: Das Gericht Gottes ist hier in meiner Brust.

FRAU HULL: Nein! – *sie zittert* – «Denn Gott wird alle Werke vor Gericht bringen, alles, was verborgen ist, es sei gut oder böse.» Amen, Prediger Salomo 12, 14.

EICHMANN: Ist das im Alten Testament, gnädige Frau?

FRAU HULL: Ja.

EICHMANN: Altes Testament, das lese ich nicht; das sind jüdische Erzählungen und jüdische Denkart. Auge um Auge, Zahn um Zahn.

OFER: Die Bibel steht jetzt zur Verfügung.

Er schließt die Tür in der Trennwand auf und bringt sie Eichmann.

HULL: Die Bibel läßt sich nicht teilen. Für den Christen sind das Alte und das Neue Testament das eine Buch. Beide sind von Juden geschrieben, und auch die christliche Gemeinde bestand im Anfang nur aus Juden. Schlagen Sie bitte Seite 269 im Neuen Testament auf, Hebräer 9, 27. «Und wie den Menschen gesetzt ist, einmal zu sterben, danach aber das Gericht.»

FRAU HULL: Amen.

HULL: Alle werden gerichtet, Gute wie Böse. Auch ich, auch Sie, jeder wird gerichtet werden.

Eichmann lächelt auf eine überhebliche Weise und nimmt für einen Moment die Kopfhörer ab.

FRAU HULL: «Ach daß die Gottlosen müßten zur Hölle gekehrt werden, alle Heiden, die Gottes vergessen! Gott wird sie in der Hölle strafen.»

EICHMANN: An die Hölle glaube ich nicht. Es gibt keine Hölle.

HULL: Die Bibel sagt, daß es eine Hölle gibt, und sie beschreibt sie. Lesen Sie Judas 13, Seite 278 Neues Testament.

OFER, *zu Hull*: Er kann mit dieser Brille nicht gut lesen.
Zu Eichmann über das Mikrofon:
Wollen Sie Ihre Lesebrille haben?

EICHMANN: Nein, ich sehe genug.

OFER: Ich bringe Sie Ihnen.
Er geht zu Eichmanns Tür und reicht ihm die Lesebrille.

HULL *zu seiner Frau*: Lies es ihm vor.

FRAU HULL *zu ihrem Mann:* Nein, nein, das kann ich ihm nicht sagen.

HULL *zu Frau Hull*: Er muß das wissen.

FRAU HULL: «Wilde Wellen des Meeres, die ihre eigene Schande ausschäumen, irre Sterne, welchen behalten ist das Dunkel der Finsternis in Ewigkeit.»

EICHMANN: Das sind Kindergeschichten. Um Kinder zu erschrecken, Menschen in Angst zu halten. Ich habe Gott auf meine eigene Weise gefunden, durch die Natur, da bin ich aus der Kirche ausgetreten.

HULL: Wann war das?

EICHMANN: 1937. Ich wurde noch 1935 kirchlich getraut, protestantisch, obwohl das die Partei nicht gerne sah, blieb ich zunächst in der Kirche, bis ich den Widerspruch zur Weltanschauung der Partei selbst empfand, da bin ich ausgetreten.

HULL: Der Grund zum Austritt war der Widerspruch zur Partei?

EICHMANN: No, no. Ich sah, daß die Kirche ihre Kirchenpolitik hatte, wie die Partei ihre Parteipolitik. Ich wollte geistige Wahrheit, ich suchte nach dem Göttlichen.

HULL: Da waren Sie schon im Judenreferat?

EICHMANN: Jawohl. In den natürlichen Dingen des Lebens, Bäumen, Bergen, Himmel und anderen Dingen der Natur kann jedermann Gott finden. Der Mensch ist bedeutungslos und Gott allmächtig. Ich habe in meinem Herzen Frieden.

FRAU HULL: Frieden mit Gott?

EICHMANN: Frieden in Gott. Gott führt mich.

Frau Hull: Dann hat Sie Gott also auch hierhingeführt, ins Gefängnis nach Ramleh?

Eichmann: Nicht Gott, sondern der jüdische Geheimdienst! Es ist nicht meine Schuld, daß ich hier bin, und es ist nicht Gottes Schuld! Es ist die Schuld der Staatsführung, und ich bin wie alle andern da hineingeraten. Ich bin kein Dieb, und ich bin kein Mörder! Selbst Jesus Christus würde mich nicht verurteilen! – Wenn ich jetzt um eine Zigarette bitten dürfte!

3. Szene

Besucherzelle.
Trennwand, Mikrofone, Bewachung.
Eichmann, Servatius und dessen Sekretärin.

Eichmann: Als Seelsorger, Herr Doktor, wenn schon, da wäre mir ein Jesuit, obwohl katholisch, natürlich lieber gewesen.

Servatius: Na ja, was heißt Seelsorge? Wenn Sie die Sorge nicht haben, ist das eine Abwechslung jedenfalls. Braucht der Mensch. Es hat sich ein Jesuit nicht gemeldet, Herr Eichmann.

Eichmann: Die Schuld, ich meine die Schuld im äußeren, im juristischen Sinne, zu unterscheiden von einem Schuldempfinden vor seinem inneren «Ich», ist wohl eine der schwersten Fragen. Letztere liegt nach meinem tieferen Nachdenken in Regionen, welche den Paragraphen einer Rechtsordnung entrückt sind. Hier hat jeder mit selbst zu rechten und zu richten. Die Schuld im juristischen Sinne muß bei der Staatsspitze bleiben.

Servatius: Ich bin Ihrer Meinung, ich möchte aber zuerst besprechen, ob Sie mit meiner Berufungsbegründung einverstanden sind, die Sie bekommen haben.

Eichmann: Jawohl. Wenn ich heute die Akten lese, Herr Doktor Servatius, die mir seinerzeit nicht vorlagen, dann habe ich festzustellen, daß sich die damalige Reichsregierung zum Teil aus Männern zusammensetzte, die als glatte Verbrecher anzusprechen sind.

Servatius: Sicherlich. Sie selbst handelten ganz klar im Auftrag des Staates, dessen Ordnung verbrecherisch war. Das Verbrechen war legal, die menschliche Handlung illegal. Das steht in meinem Plädoyer, Herr Eichmann.

Eichmann: Aber auch andere Regierungen jener Zeit hatten ihre Verbrecher. Bei einem meiner Besuche in Auschwitz, da fuhr mich Höss an große, starke Eisenroste, auf denen Leichen aufgeschichtet waren. Ich betete ein Vaterunser, um auf andere Gedanken zu kommen, aber ich hielt mir auch vor Augen, wie ich in Berlin nach dem Inferno eines Bombenangriffs, wir gossen uns Kübel mit Wasser über die Uniformen, um nicht auf der Straße zu brennen, da sah ich ein altes Ehepaar unter Eisentraversen, die ihnen Bauch und Becken zerquetscht hatten und die baten mich, sie zu erschießen. Aber ich konnte das nicht und sagte zu meinem Feldwebel: «Na, Slawik, dann schieß ihnen mal eine Kugel durch den Kopf, damit sie erlöst werden.» Der brachte das aber auch nicht fertig. – Ich sage das nicht als Rechtfertigung, aber ich stellte damals diese Überlegung an, aus einem nationalen Radikalismus, der uns eingehämmert wurde. Ich möchte das einmal in eine Art von Erklärung fassen, nicht um das Urteil zu beeinflussen, sondern einzig und allein zur Aufklärung für die Jugend. Was halten Sie davon?

Servatius schweigt.

Natürlich schriftsatzgemäß ausgeführt, denn meine Stellung war die gleiche, wie die von Millionen anderer, die zu gehorchen hatten. Der Unterschied war nur der, daß ich einen schwereren Auftrag befehlsgemäß durchzuführen hatte.

Durch mein damaliges Unvermögen, die Dinge so wie heute zu sehen, konnte ich nicht über meinen Schatten springen. Jawohl, ich habe mich vor mir selbst im ethischen Sinne, nicht juristisch, schuldig gemacht als ein Werkzeug in der Hand stärkerer Kräfte und eines unerfindlichen Schicksals. Was meinen Sie?

SERVATIUS: Das kann nicht schaden, meine ich, wenn Sie das gerne wollen.

EICHMANN: So lange das menschliche Zusammenleben noch keiner globalen Lösung entgegengeführt wird, solange bleibt Befehl und Gehorsam die Grundlage jeder staatlichen Ordnung. Zu ihrer höheren Sicherheit bedient sie sich des bindenden Eides. Bei einer guten Staatsführung hat der Befehlsempfänger Glück, bei einer schlechten Unglück. Ich hatte kein Glück.

SERVATIUS: Und sind Sie einverstanden mit der Begründung der Berufung?

EICHMANN: Jawohl. Da Sie den Eindruck vermeiden, daß ich in irgendeiner Form zu Kreuze krieche, jawohl.

SERVATIUS: Zum völkerrechtlichen Aspekt haben sich in unserem Sinne die unterschiedlichsten Koryphäen geäußert, auch jüdische, zum Beispiel Nachum Goldmann, der Präsident des jüdischen Weltkongresses, viele, viele Experten, die wenigstens für einen Internationalen Gerichtshof plädieren. Ich habe die Stellungnahmen angefügt.

EICHMANN: Sehr gut.

SERVATIUS: Das Gericht wird nicht mehr einfach wie Ben Gurion sagen können: «Die Welt soll wissen: Wir geben unseren Gefangenen nicht her.» Ich habe Israel aufgefordert, die Auslieferung von sich aus anzubieten, um Israel nicht zu schaden.

4. Szene

Die Besucherzelle.
Gefängnisdirektor, Hull, Frau Hull.

OFER: Es geht ihm nicht gut. Der Arzt hat ihn auf Diät gesetzt, Tee und Zitrone. Er wollte Sie aber sehen.

HULL: Wir haben Ihnen geschickt, was wir ihm heute sagen wollten. Ob das heute richtig ist?

OFER: Punkt zwei finde ich etwas heikel – *liest* – «Adolf Eichmann, Sie stehen kurz vor dem Tod. Bei Ihrer Berufung besteht keinerlei Hoffnung für Sie. Sie werden in kurzer Zeit vor Gott stehen.» Mir ist da etwas Endgültiges nicht bekannt.

HULL: Es sollte ihn auf unsere Geständnisentwürfe vorbereiten. Es würde vor der Weltöffentlichkeit einen starken Eindruck machen.

OFER: Er ist sehr vorsichtig.

Es sind dumpfe Geräusche zu hören.

HULL: Was ist das, das Gerumpel?

OFER: Baumaßnahmen für den Fall, die Berufungsentscheidung wäre – *negativ*.

FRAU HULL: Schrecklich!

OFER: Sie können ihn natürlich darauf hinweisen, daß sein Ende nach Ihrer Ansicht nahe sei. Es ist Donnerstag, der 10. Mai, 10 Uhr 15. Ihr siebter Besuch.

Eichmann wird in seinem grellroten Anzug hereingeführt, es werden ihm die Fesseln abgenommen, und er bleibt zur Begrüßung in Haltung stehen. Er sieht krank aus, dünn, sehr blaß, lächelt.

EICHMANN: Guten Morgen.

HULL: Guten Morgen.

Sie legen die Kopfhörer an und sitzen sich vor der Trennwand gegenüber. Eine Wache legt die Bibel neben Eichmann.

FRAU HULL: Sind Sie krank gewesen?

EICHMANN: Ja, ich bin erkältet. Das Wetter ist hier im Gebirge unbeständig. Ich hatte viel nachzudenken, und es tun mir die Zähne weh.

FRAU HULL: Warum lassen Sie die nicht behandeln?

EICHMANN: Ich möchte nicht auch noch die unteren Zähne einbüßen. Ich warte die Berufung ab, ehe ich die Zähne behandeln lasse.

FRAU HULL: Wir haben Sie für heute gebeten, die Geschichte vom verlorenen Sohn durchzuarbeiten.

EICHMANN: Warum? Weil ich aus der Kirche ausgetreten bin?

HULL: Weil jeder durch Jesus zu Gott zurückkehren kann.

EICHMANN: Ich habe Ihnen einen Brief geschrieben, um nicht als Heuchler dazustehn. Ich begründe darin, warum sich Ihre allfällige Erwartung, ich würde nach soundso viel Besuchen in den Schoß der evangelischen Kirche zurückkehren, nicht erfüllen wird.

Er hält den Brief an die Trennscheibe.

Ich überlasse es Ihrer Entscheidung, ob Sie Ihre Besuche trotz meiner rein naturalistischen Auffassung fortsetzen wollen.

OFER: Um Zeit zu sparen: wir können den Brief aushändigen, wenn ihn der Sicherheitsdienst kurz geprüft hat.

EICHMANN: Jawohl.

Ein Beamter bringt den Brief zur Prüfung.

HULL: Wir werden Sie nicht verlassen.

FRAU HULL: Adolf Eichmann, es bleibt Ihnen nur wenig Zeit. Sie werden bald sterben. Sie müssen mit Gott in Ordnung kommen. Sie sind nicht mit ihm im klaren. Sie sind nicht dazu bereit.

EICHMANN: Wer sagt, ich wäre nicht bereit?

HULL: Ich sage das.

EICHMANN: Wenn Sie sagen, Herr Pfarrer, ich hätte nicht mehr viel Zeit, dann habe ich kein Verlangen, Ihre Ideen in mich aufzunehmen, dann habe ich anderes zu tun.

HULL: Helfen Ihnen Ihre eigenen Ideen? Können Sie sich nicht darin ebenso irren, wie Sie sich im Vertrauen zu Ihrer Partei geirrt haben?

EICHMANN: Ich kann mich irren, natürlich, aber ich glaube nicht, daß sich all die Wissenschaftler irren, die dieses Thema erforscht haben. Sie sagen Jesus. Sie entnehmen das diesem jüdischen Buch hier, aber auch der Koran ist ein heiliges Buch und die Lehren Buddhas.

FRAU HULL: Sie müssen durch diese Tür gehen, und das ist Jesus. Sie können nicht darum herumgehen, dann sind Sie verloren?

EICHMANN: Dann wären zwei Drittel der Welt verloren.

FRAU HULL: Ja! Ja! Zwei Drittel sind verloren! Sie können nicht um das Kreuz herumgehen, der Sie in Sünde sind, dann sind Sie verloren.

EICHMANN: Wenn Sie hier versuchen, mir meine Sünden zu zeigen und was ich getan habe, dann sind diese Zusammenkünfte nicht nach meinem Geschmack. – *Zu Hull:* Ich will Ihre Meinung hören, nicht die von Ihrer Frau! Sie sind der Priester! Ich will wissen, was der Priester zu sagen hat!

Frau Hull beginnt zu beten.

HULL: Wir haben Ihnen schon früher gesagt, daß Sie nicht für Ihre Taten gerichtet werden. Die alleinige Grundlage für das Urteil Gottes ist, ob Sie an Jesus Christus glauben. Damit Ihre Seele frei wird.

EICHMANN: Ich stimme mit Ihnen überein, das Wichtige ist die Seele, nicht der Leib. Die Seele wird frei, wenn der Leib stirbt, wird Teil des Ganzen. Im Kosmos ist alles geordnet. Der Schöpfer und Lenker des Kosmos ist Gott. Gott führt mich. Ich habe nie die Verbindung zu ihm verloren.

HULL: Wenn Sie von Gott geführt wären, würden Sie alles, was Sie getan haben, bereuen und jetzt beichten.

EICHMANN: Ich habe nichts zu beichten, denn ich habe nicht gesündigt. Ich hatte wie jeder Soldat zu gehorchen.

HULL: Empfinden Sie kein Bedauern, wenn Sie an all die Menschen denken, die umgekommen sind?

EICHMANN *erregt:* Ich empfinde kein Bedauern, ich empfinde kein Bedauern! Ich bin vor Gott mit keiner Schuld belastet. Ich habe nichts Unrechtes getan. Mein Bruder ist Rechtsanwalt in Linz. Er schreibt, auf Grund des Beweismaterials ist nur ein einziger Berufungsentscheid möglich, nämlich daß ich freigesprochen würde. Jedes andere Urteil wäre rechtswidrig.

HULL: Leider ist Ihr Bruder nicht Ihr Richter.

EICHMANN: Auch mein Anwalt, Dr. Servatius, ist von meiner Unschuld überzeugt. Ich habe über tausend Briefe bekommen, ein Mädchen aus Kanada schreibt, sie wünsche, ich wäre ihr Vater gewesen.

HULL: Beten Sie eigentlich manchmal?

EICHMANN: Ja, jeden Tag. Seit meiner Kindheit habe ich nicht aufgehört zu beten.

HULL: Und haben Sie das Gefühl, Antwort zu bekommen?

EICHMANN: Ohne Beten hätte ich die beiden letzten Jahre hier nicht überstehen können. Es wäre feige, wenn ich erst hier zu beten angefangen hätte.

HULL: Konnten Sie auch beten, als Sie an den furchtbaren Sachen beteiligt waren, in deren Folge unzählige Menschen umkamen?

EICHMANN: Ja, ich konnte es, weil mir, was ich tat, befohlen wurde, und weil ich daran glaubte. Ich hatte einen Eid geschworen, den ich auch unter den schwersten Bedingungen halten mußte. Was hätten Sie getan, wenn Sie an meiner Stelle gewesen wären?

HULL: Vor allem wäre ich nicht in die Nazipartei eingetreten. Und ich hätte meinen Glauben an Jesus Christus nicht aufgegeben.

EICHMANN: Wenn ich 1932 gewußt hätte, was ich heute weiß, dann wäre ich auch nicht eingetreten. Es war, daß damals Hitler der Erlöser war für viele aus nationaler Schmach und nationaler Not. Ich war damals 26 Jahre und wurde wie die andern mit hineingezogen.

HULL: Haben Sie nicht auf der Wannsee-Konferenz genau erfahren, was los war? Und konnten Sie da nicht umkehren?

EICHMANN: Auf der Wannsee-Konferenz waren zehn

Staatssekretäre und SS-Angehörige in Generalsrängen, allein aus dem Reichssicherheitshauptamt vier Leute, die über mir standen. Ich habe das Protokoll verfaßt, als unterer Beamter, der nur «Jawohl» zu sagen hatte. Wäre ich aufgestanden und hätte gesagt «Das ist nicht recht!», dann wäre ich in die Irrenanstalt gesperrt worden, oder man hätte mich an die Wand gestellt. Beides hätte auf andere keinen Eindruck gemacht.

HULL: Besser, es wäre einer gestorben als sechs Millionen.

EICHMANN: Als Idealist war ich meinen damaligen Idealen verpflichtet. Wenn es zu spät ist, sieht man seine Fehler.

HULL: Sie sehen das heute als Fehler?

EICHMANN: Natürlich, aber natürlich. Ich bin älter und habe mehr Einsicht. Es herrscht keine Diktatur mehr, und es ist nicht mehr Krieg. Heute, 1962, ist es nicht schwer zu sagen, was man hätte tun sollen.

HULL: Bereuen Sie jetzt, was Sie damals tun mußten?

EICHMANN: Ja, das tue ich.

HULL: Würden Sie ein Schriftstück unterschreiben, in dem gesagt wird, daß Ihnen Ihre Taten leid tun?

EICHMANN: Das würde man mir als Heuchelei auslegen.

HULL: In den Augen der Welt würde es sehr für Sie sprechen, wenn Sie ein Geständnis unterschreiben würden.

EICHMANN: Es wird so aussehen, als wolle ich damit meinen Freispruch erreichen. Heuchler habe ich immer gehaßt.

HULL: Es kann auf das Urteil keinerlei Einfluß mehr haben.

EICHMANN: Wenn Sie so einen kurzen Text ausarbeiten, in Deutsch, werde ich den unterschreiben.

5. Szene

a

Lichtkammern.

Kurze Erklärung des israelischen Verteidigungsministers General Ariel Scharon an seine Mitarbeiter im Juni 1981. Scharon spricht mit dem Rücken zum Auditorium, zu seinem eigenen Foto hin, das ihn reitend auf einem weißen Schimmel zeigt.

Scharon: Wovon ich sprechen möchte, es scheint mir eine rein militärische Lösung des PLO-Problems durchaus denkbar und mit ihm eine Lösung des Palästinenser-Problems. Das kann keine Kommandoaktion leisten und kein begrenztes Bombardement, sondern nur ein kurzer neuer Krieg, den wir mit unserer großen Übermacht in kurzer Zeit siegreich beenden können. Es geht um drei Kriegsziele: 1. Die Vernichtung der PLO, die physische Liquidierung ihrer Führer und ihrer Kampfeinheiten und die Abschiebung der Hunderttausende von Palästinaflüchtlingen nach Syrien.

Die Syrer werden sie mutmaßlich nach Jordanien abschieben. Dort haben sie dann Möglichkeit, den König Hussein zu vertreiben, und sie können in Jordanien endlich ihren Palästinenserstaat gründen.

Zweites Ziel ist die Vertreibung der syrischen Truppen aus dem Libanon samt Waffen und Gerät. Für eine endgültige Lösung ergibt sich das dritte Ziel, eine israelfreundliche Regierung im ganzen Libanon einzusetzen, die Umwandlung des Landes in eine Art von Protektorat Israels zu erreichen, möglichst geführt von Bershir Gemayel, dem Chef der christlichen Falangisten.

Wir müssen die Regierung der Vereinigten Staaten davon überzeugen, daß dieser Plan in ihrem Interesse liegt, daß

kein arabischer Staat eingreifen wird, auch die Sowjetunion nicht, und daß die Weltöffentlichkeit mit Resolutionen und Protesten die neue Lage akzeptieren wird.
Wir können kein neues München hinnehmen, und wir wissen aus unserer historischen Erfahrung, es hilft uns Juden niemand, wenn wir uns nicht selbst helfen.
Die Armee ist zu Lande, zu Wasser und in der Luft auf diesen Überraschungsschlag vorzubereiten. Der Zeitpunkt ist eine politische Entscheidung.

Dunkel.

b

Oriana Fallaci interviewt Ariel Scharon nach dem Auszug der PLO aus Beirut im September 1982.

STIMME VON ORIANA FALLACI *aus dem Dunkel*:
Sie glauben wirklich, General Scharon, Sie hätten das palästinensische Problem mit dem Auszug der PLO aus Beirut gelöst? Kann es nicht sein, daß Sie es vervielfacht und intensiviert haben? Eine haßerfüllte Generation wird aus den Zehntausenden hervorwachsen, die gejagt, von ihren Familien entfernt, in acht verschiedene Länder zerstreut wurden. Arafat hat soeben erklärt, daß der Kampf der PLO weitergeht wie vorher.
Ein Scheinwerfer auf Ariel Scharon, der sich umgedreht hat und in Richtung der Stimme spricht.

SCHARON: Wenn ich er wäre, würde ich das nicht noch einmal versuchen. Ich habe diesen Mördern in Beirut ein Geschenk gemacht: das Geschenk ihres Lebens. Ich habe ihnen eine Chance gegeben zu leben. Sie leben, weil ich entschieden habe, sie leben zu lassen. Diese Chance ist keine Garantie für die Zukunft.
Oriana Fallaci tritt auf.

FALLACI: Und die vier Millionen Palästinenser, die in den Lagern des Libanon, Syriens, des Gaza und Westjordaniens verstreut sind? Sagen Sie mir, General Scharon, was Sie mit diesen neuen Juden des Planeten machen wollen? Verurteilt in genauso einer grausamen Diaspora umherzuirren, wie Sie die durchgemacht haben.

SCHARON: Aber sie haben ein Vaterland: Palästina, das heißt für mich Jordanien, Transjordanien.

FALLACI: Sie sprechen vom Jordanien des König Hussein.

SCHARON: Natürlich. Hören Sie zu, die palästinensische Affäre beschäftigt mich seit zwölf Jahren und, glauben Sie mir, Jordanien, Transjordanien ist eine perfekte Lösung. Ich bin nicht der einzige, der das sagt.

FALLACI: Ich weiß. Die armen Flüchtlinge in den Hütten und Baracken des Libanon, Syriens, des Gaza, des Westufers sollen also ihre Koffer packen und sich nach Transjordanien begeben. Es sind aber vier Millionen, eine Million mehr als die Bevölkerung Israels, und Hussein will sie nicht.

SCHARON: Einige können bleiben, wo sie sind, die andern können nach Transjordanien gehen. Das ist deren Sache.

FALLACI: Ah ja. Und was machen wir mit König Hussein? Bringen wir ihn um? Oder setzen wir ihn in Monte-Carlo ein, um dort das Casino zu führen?

SCHARON: Ich interessiere mich nicht für König Hussein. Ich interessiere mich nicht für die persönlichen Fälle. Er kann machen, was er will. Er kann sogar dort bleiben, warum sollen die Palästinenser nicht einen haschemitischen König behalten? Dann brauchen wir keinen neuen zu suchen.

FALLACI: Ah ja. Und was machen wir mit den Beduinen dort. Wohin stecken wir die? Müßte man die auch umbringen?

SCHARON: Die können so gut dort bleiben wie der König Hussein. Ich sagte schon, persönliche Schicksale interessieren mich nicht. Für mich zählt, daß ein Palästina bereits existiert, man muß also keinen weiteren palästinensischen Staat gründen, es gibt ihn bereits.

FALLACI: Ich hielt, was Sie Palästina nennen, bisher für das Haschemitenreich des König Hussein.

SCHARON: Ich sage Ihnen, wir werden die Gründung eines neuen palästinensischen Staates niemals erlauben. Denn dieses zweite Palästina läge dann zwangsläufig in Judäa und Samaria, was Sie Cisjordanien nennen.

FALLACI: Was Sie Judäa und Samaria nennen, das sind 1967 von Israel besetzte Gebiete, General Scharon! Es leben dort eine halbe Million Palästinenser und nur dreißigtausend oder vierzigtausend Juden, die sich nach 1967 dort angesiedelt haben. Alle sind sich soweit einig, sogar die Amerikaner, daß Gaza und Cisjordanien zurückgegeben werden müssen.

SCHARON: Sie zurückgeben? Sie scherzen. Man gibt nur zurück, was einem nicht gehört. Judäa und Samaria gehören uns aber. Seit Tausenden und aber Tausenden von Jahren. Immer schon. Judäa und Samaria, das ist Israel! Und Gaza auch. Ich sage Ihnen zum letztenmal: Wir werden ein zweites Palästina auf diesem Gebiet oder anderswo niemals erlauben. Niemals.

FALLACI: Sie haben nicht den Ruf, ein Engel zu sein, General Scharon. Wenn ich die Urteile über Sie vortragen würde, ich glaube, Sie würden diese wunderbare Kaltblütigkeit mir gegenüber verlieren.

SCHARON: Machen Sie es, machen Sie es.

FALLACI: Man nennt Sie einen «Mörder», zum Beispiel, einen «Rohling», einen «umbarmherzigen Bulldozer», einen «machtlüsternen Elefanten», einen «Faschisten», einen «Terroristen», einen «Kriegsverbrecher».

SCHARON: Andere geben mir andere Namen.

FALLACI: Ich weiß: «König von Israel», «König Arik». – Ihr seid so kriegerisch geworden, ihr seid nicht mehr das Land, für das wir geweint haben. Ihr seid dabei, das Preußen des Mittleren Ostens zu werden.

SCHARON: Frau Fallaci, Sie haben ein solches Talent, aus

mir einen schlechten Menschen zu machen, daß ich einen Augenblick geglaubt habe, Sie gäben ein Interview über Scharon und nicht ich.

Dunkel.

c

Eine Palästinenserin berichtet über das Massaker der Kommandos des Major Saad Haddad in den Palästinenserlagern Sabra und Shatila.

EINE PALÄSTINENSERIN:
Ich kam in das Lager nicht rein.
Das Lager war von den Israelis abgeriegelt,
das Lager Shatila
und das Lager Sabra.
Sie saßen auf den Höhenzügen ringsumher in ihren Panzern und schauten zu.
Ich höre das Gedröhne von Kettenfahrzeugen.
Ich frage einen Soldaten: «Was ist denn los?»
«Wir schlachten sie ab. Wir haben sie abgeschlachtet.»
Es war kein Israeli, es war ein Mann der Kommandos des Major Saad Haddad, die israelische Uniformen trugen, aber mit einer Libanon-Zeder als Kokarde.
Sie sind mit ihren Bulldozern und Planierraupen über Lebende und Tote einfach weggefahren.
Eine Frau mit zerrissenen Kleidern kommt mir die Lagerhauptstraße entgegengelaufen und schreit unverständlich.
Sie reißt sich die Kleider vom Leibe,
schlägt sich den Kopf und die Brust.
Ich will meine Mutter besuchen,
ich lebe in West-Berlin,
mit einem Deutschen verheiratet.

Es laufen Leute mit Gasmasken herum, die Leichen zu bergen. Ein älterer Mann hat Teile einer Kinderleiche in einem Bierkasten gesammelt und ladet ihn in einen Fahrradanhänger.
Ich finde das Haus nicht und nicht die Straße.
Ich kann den Gestank nicht ertragen,
binde mir Taschentücher vor Mund und Nase.
Es sind mehr als dreißig Grad.
Jemand zeigt mir die Straße.
Unter Betonteilen buntes Bettzeug und ein zerquetschter Fernseher.
Ein aufgedunsener Oberschenkel.
ein Schuh, den ich wiedererkenne.
Ich versuche, meine Mutter unter den Betonteilen herauszuziehen. Ich erbreche mich vor dem Gestank der Verwesung über der unkenntlichen Leiche.

d

Der Verteidigungsminister Scharon gibt nach starken Protesten in der Welt und in Israel eine Erklärung der israelischen Regierung zu dem Massaker in den Flüchtlingslagern ab.

SCHARON: Am jüdischen Neujahrstag wurden der jüdische Staat und seine Regierung sowie die israelischen Verteidigungskräfte verleumderisch einer Bluttat bezichtigt. An einem Ort, wo es keine Stellungen der israelischen Armee gab, betrat eine libanesische Einheit ein Flüchtlingslager, wo sich Terroristen versteckt hielten, um sie zu ergreifen. Diese Einheit verursachte viele Verluste unter unschuldigen Opfern. Wir stellen diese Tatsache mit tiefem Kummer und Bedauern fest. Zu einem Zeitpunkt, da internationale Aufwiegler in der Welt zum Mord an dem Judenstaat, seinen Einwohnern und seiner Armee aufrufen, rufen wir das Volk Israels auf, sich einig um seine demokratisch gewählte Regierung und ihren Kampf für Sicherheit und Frieden Israels zu scharen.

e

Meldung der Tagesschau vom 25. Oktober 1982:
Der israelische Verteidigungsminister Scharon hat vor einem Untersuchungsausschuß zugegeben, den christlichen Milizen das Betreten der Palästinerlager Shatila und Sabra erlaubt zu haben, weil er in den Lagern Waffen und Munition vermutet habe.

6. Szene

Besucherzelle. 10 Uhr nachts.
Frau Vera Eichmann, zwei Beamtinnen, Ofer.
Eichmann wird auf der anderen Seite des Raumes hereingeführt, er ist nicht gefesselt und trägt den dunkelblauen Anzug.
Zwei Wachen rechts und links von ihm, eine weitere an der Zellentür. Eichmann bleibt hinten stehen und betrachtet seine Frau Vera und sie betrachtet ihn. Unter starken facialen Gesichtszuckungen lächelt Eichmann, und seine Frau lächelt zurück. Er geht zu der Glaswand und hält seine Hand an das Glas, und seine Frau legt ihre Hand an das Glas, dort, wo Eichmanns Hand liegt. Sie schweigen längere Zeit, dann erst setzt sich Eichmann die Kopfhörer auf.

EICHMANN: Uns kann keine Glaswand trennen.

FRAU EICHMANN: Ich werde nie vergessen, daß Adolf Eichmann meine erste Liebe war – und bleibt.

OFER: Sie müssen in das Mikrofon sprechen, Frau Eichmann.

FRAU EICHMANN: Ich werde nie vergessen, daß Adolf Eichmann meine erste Liebe war und bleibt.

EICHMANN: Ich freue mich, daß du gekommen bist. Ich wollte dich nicht als Zeugin, ich wollte dich nicht dem Haß aussetzen, der gegen mich entfesselt worden ist weltweit.

FRAU EICHMANN: Ich habe es gewußt.

EICHMANN: Was?

FRAU EICHMANN: Als du nicht heimkamst, nirgends zu finden warst, nicht im Krankenhaus, nirgends, da habe ich gesagt: «Die Israelis haben ihn gekidnappt.» Aber es hat mir niemand geglaubt.

EICHMANN: Wieso hast du es gewußt?

FRAU EICHMANN: Wenn ein Unglück bevorsteht, dann fühle ich das. Unsere ganze Familie. Es kam wochenlang ein Obsthändler mit einem Pferd vor der Karre, ein dicker Mann, der mich fragte, wo du bist, wo du arbeitest. «Sind

Sie schon lange hier?», ich hatte Äpfel bei ihm bestellt, die wollte er an dem Mittwoch bringen, als das war, aber er ist nicht mehr gekommen. In der Nacht davor hatte ich einen bösen Traum, du gingst aus dem Haus zum Bus, zu Mercedes, aber statt des Mantels hattest du dir ein Nachthemd übergezogen, und das Nachthemd war voller Blut. Was für ein komischer Traum, dachte ich, aber ich wollte dich auch bitten, vorsichtiger zu sein. Ich habe es nicht gesagt, weil ich mir mit meinen Ahnungen lächerlich vorkam. – Ich wollte die Polizei einschalten, die großen Söhne auch, aber unsere Freunde meinten: «Nur keine Polizei! Da kann wer weiß was in Gang kommen.» So kam gar nichts in Gang, außer daß einer nach dem anderen verschwand. Ich nenne keine Namen.

EICHMANN: Dr. Servatius hat Sassen auf den Kopf zugesagt, daß er mich verraten hat, um seine «Life»-Geschichte zu verkaufen.

FRAU EICHMANN: Die ganze Zeit, ich habe ihm nie getraut.

EICHMANN: Ein Lump mehr. Es macht mir nichts mehr aus. Unsere Ehre heißt Kasse.

FRAU EICHMANN: Du siehst gut aus, nicht wie ein Häftling, du hast etwas abgenommen und siehst noch durchgeistigter aus. – Ich möchte dich ganz sehen, kannst du dich einmal auf den Stuhl stellen?

Eichmann stellt sich auf den Stuhl und dreht sich langsam um die eigene Achse. Er steigt vom Stuhl herunter, setzt die Kopfhörer wieder auf und bleibt stehen.

Wie ein Senator, wie ein Mann, dem das Gefängnis nichts anhaben kann.

EICHMANN: Mein erstes Gefängnis hieß Festung Yar, Festung Mai, nach dem Monat, in dem ich gekidnappt wurde, und bei den Wachen: Eichmannigrad. – *Er lächelt.* – Ich fühle mich dir so nahe wie immer, wie jeden Abend zwischen sieben und acht. – Kannst du ein Stück zurücktreten?

Vera Eichmann geht bis zur Wand zurück, parallel zur Wand, ein Stück hin und zurück.

Ist das ein neues Kostüm?

FRAU EICHMANN: Ich habe es mir in München für dich machen lassen, ich habe nichts dafür bezahlt.

EICHMANN, *auf einen Zettel mit Notizen schauend*: Wie geht's den Kindern? Was sagen sie dazu?

FRAU EICHMANN: Horst hat zu mir gesagt, als er das Urteil hörte: «Wie kannst du an einen gerechten Gott noch glauben, Mama, wie kannst du jetzt noch beten.»

Sie weint.

Sie wissen alle, welches Unrecht man dir antut, auch die Schwiegertöchter und auch Hansi, den immer einer in die Schule bringt, weil er auch jetzt noch Angst hat, entführt zu werden, wie der Papa.

Sie kann ihre Tränen nicht zurückhalten.

EICHMANN: Es wird nicht geweint, Vera.

FRAU EICHMANN: Ich bin seit acht Uhr früh heut unterwegs, die Anspannung, nicht daß ich müde wäre, ich halte viel aus, es gibt auch keinen Grund. Entschuldige.

EICHMANN: Hat Dieter das Gitter um den Pozo gemacht?

FRAU EICHMANN: Ja.

EICHMANN: Und erfolgreich?

FRAU EICHMANN: Er hat uns sehr geholfen, ja.

EICHMANN: Ich habe mir Vorwürfe gemacht, nicht gut genug für meine Familie gesorgt zu haben. Wirst du in Argentinien zurechtkommen?

FRAU EICHMANN: In Deutschland fühle ich mich besser. Ohne diese Angst.

EICHMANN: Aber dort hast du die Kinder.

FRAU EICHMANN: Ja, die Kinder, aber unsere Hauptsorge ist, daß du schnell wieder zu uns kommst.

EICHMANN *lacht*: Du bist eine Optimistin! Glaubst du wirklich, daß ich schnell heimkomme?

FRAU EICHMANN: Natürlich. Du hast niemanden getötet, du hast niemandem befohlen zu töten, man kann niemanden verurteilen, der unschuldig ist.

EICHMANN: Was denkt Servatius darüber?

FRAU EICHMANN: Auch er glaubt, daß du freikommst. Es

hat sich der vierundachtzigjährige jüdische Philosoph Martin Buber für deine Begnadigung eingesetzt, die Vereinigung der amerikanischen Rabbiner und viele andere. Ich weiß, daß du bald kommst.

EICHMANN: Heute morgen habe ich geträumt, ich wäre auf Ehrenwort freigelassen worden. Ich war in Argentinien, ging bei uns in San Fernando spazieren und wollte dich an einem kleinen Waldstück treffen. Aber das war ein Traum, Vera.

FRAU EICHMANN: Ich bin ganz sicher, daß du kommst. Ich habe diese Gabe.

EICHMANN: Was immer passiert, wenn ich – gehängt werde, die Geschichte wird das als ein schweres Fehlurteil erkennen und mich freisprechen, denn meine Schuld war einzig, daß ich gehorcht habe. Aber Preußen ist durch den Gehorsam groß geworden, und mein Gewissen ist rein. Wenn es das Schicksal will, ist man machtlos.

FRAU EICHMANN: Schicksal, Schicksal, ich weiß, daß du mir bald wie jedes Jahr an unserem Hochzeitstag den Strauß aus roten und aus blauen Astern bringst ... – *Zu Ofer:* Können Sie uns nicht bis morgen zusammen einschließen lassen? Ich bitte Sie darum.

OFER: Das ist nicht möglich, gnädige Frau. Die Anordnungen lassen das nicht zu.

FRAU EICHMANN: Ich bin aus Argentinien gekommen, unter fremden Namen, ich sitze dreizehn Stunden im Flugzeug, ich muß mich ausziehen, ich muß mich anziehen, was habe ich getan, daß ich mich von meinem Mann nicht verabschieden kann?

EICHMANN: Wir bitten nicht, wir flehen niemand an. – Wir sind vereint und glücklich, was immer geschieht. Grüß mir das schöne Argentinien und gehe dorthin zurück, Vera!

Er drückt einen Kuß auf seine Innenhand und hält sie an die Scheibe. Auch Vera Eichmann küßt ihre Innenhand und legt sie an die Scheibe, wo Eichmanns Hand liegt.

EICHMANN: Es war immer etwas Schamvolles in mir.

11. Besuch des Predigerpaars Hull.
Die Besucherzelle. Abend. Künstliche Beleuchtung.
Eichmann, Hull, Frau Hull, Gefängnisdirektor Ofer, Wachen.
Eichmann sitzt bereits an seinem Platz, wenn Hull und Frau Hull mit Ofer hereinkommen.

Hull: Sie haben uns sicher nicht um diese Tageszeit erwartet.

Eichmann: Nein.

Hull: Ich habe das Schriftstück so schnell wie möglich ausgefertigt, damit es veröffentlicht werden kann, bevor der Berufungsentscheid da ist.

Eichmann: Ja.

Hull: Hören Sie sich den Text aufmerksam an, ob Sie übereinstimmen und das unterschreiben können.
Eichmann nimmt eine Zigarette, die ihm angezündet wird, und hört mit großer Konzentration zu.

Frau Hull *liest*: «In dem Wunsch, mich mit Gott und den Menschen zu versöhnen, bereue ich, Adolf Eichmann, nunmehr alle meine Sünden und bekenne, daß ich die Vergebung Gottes und der Menschen nicht verdient habe.»

Eichmann: Dürfte ich einen Kaffee?
Es wird ihm ein Kaffee gebracht. Er hört weiter zu.

Frau Hull *liest*: «Ich gestehe, daß ich auf Befehl meiner Vorgesetzten als Obersturmbannführer der SS und Chef des Amtes IV B 4, Reichssicherheitshauptamt, folgendes getan habe: 1. Ich habe den Transport von Juden und anderen aus verschiedenen europäischen Ländern in die Vernichtungslager in Deutschland und Polen organisiert, woraufhin Millionen zu Tode gebracht worden sind.
2. Ich habe meine Diensttätigkeit so ausgeübt, daß für alle Juden, die in meinen Machtbereich kamen, kaum eine Chance bestand, am Leben zu bleiben. Ich bezeuge –»

EICHMANN: Darf ich das sehen?

Der Direktor bringt Eichmann das Blatt.

Das ist falsch. Das stimmt nicht. Was heißt «und anderen»? Chef des Amtes? Organisiert? Ich war Abteilungsleiter. Das kann ich nicht unterschreiben, es ist nicht wahr. Auch Punkt zwei ist nicht wahr, in dieser Form nicht, Leiter für die «Endlösung», stimmt nicht. Ich unterschreibe nicht. *Zitiert:* «Ich nehme hiermit Jesus Christus als meinen Erlöser ...», absurd, ich glaube nicht, daß Jesus Gottes Sohn ist.

HULL: Wenn Sie nicht an Jesus Christus glauben, können Sie den unteren Teil des Blattes abtrennen.

EICHMANN: Es stimmt in keinem Punkt. Nicht mal vor Gericht hat man mir das vorgeworfen.

HULL: Sie haben doch auch im Prozeß zugegeben, daß Sie die Transporte organisiert haben.

EICHMANN: Auf Befehl!

HULL *zeigt ihm die Stelle durch die Glaswand*: Das steht doch hier im zweiten Absatz «auf Befehl».

EICHMANN: Ein Gericht, das so ein Schriftstück bekommt, sagt klarerweise: «Da steht es ja, er ist schuldig.» Ich habe aber keine Schuld im juristischen Sinne.

FRAU HULL: Aber Sie haben selbst gesagt, Sie hätten Fehler gemacht und bereuten das.

EICHMANN: Es war ein Fehler, in die Partei einzutreten, habe ich gesagt, und daß ich das bereuen würde.

FRAU HULL: Sehen Sie sich den Text doch bitte noch mal an. Es ist ausdrücklich gesagt «auf Befehl», «auf Anweisung», und denken Sie an die Welt der Christen, die für Sie betet und darauf wartet, daß Sie Ihre Schuld vor Gott bekennen.

EICHMANN: Es ist sehr schwer, durchs Mikrofon über diese Dinge zu reden – jedes Wort wird mitgehört und nachher steht es in den Zeitungen. Ich muß mit Dr. Servatius darüber sprechen wegen der juristischen Seite.

HULL: Hoffentlich wird er früh genug hier sein, ich meine vor dem Berufungsentscheid.

EICHMANN: Ich bin darauf nicht so gespannt wie Sie. – Sie haben meinen Namen schon hierhergesetzt, gezeichnet Adolf Eichmann.

Er reißt den Teil von dem Blatt.

HULL: Der Name ist mit der Maschine getippt, damit Sie wissen, wo Sie unterschreiben sollen.

EICHMANN: Für manche würde das schon genügen. Auf dem Papier sind meine Fingerabdrücke.

8. Szene

Schilch: «Warum wurde eigentlich nie ein Attentat gegen mein Leben durchgeführt, Frau Doktor? Ich lebte doch gar nicht so im verborgenen. Warum bin ich nicht verschwunden, nach Paraguay oder sonstwohin, als ich wußte, daß ich observiert werde? Ich wußte es längst, ehe ich gekidnappt wurde, warum, Frau Doktor, trug ich keine Waffe?»

Weil er seinen Tod vielleicht herbeiführen wollte, antworte ich ihm. «No, no, no, no.» Denn seinen Tod könne er jederzeit herbeiführen, auch jetzt noch, hier in der Todeszelle. Er wandte sich von mir ab, als wolle er zwischen seinen Zähnen eine Fleischfaser entfernen, und reichte mir eine winzige Ampulle, die ich dem Justizminister übergeben solle, denn er verabscheue den Selbstmord als einen bewußten und untauglichen Störversuch der Weltordnung. Es sei ihm um die Nachwelt gegangen, was die Historiker einmal wahrheitsgemäß über ihn schreiben würden, um seine Ehre wiederherzustellen, die Ehre seiner Generation. In seinem Bewußtsein habe er wie jeder andere Soldat gehandelt. Es mußte nur der kleine Schritt im Kopf vollzogen werden, daß der Jude ein Feind im Krieg wie die anderen sei, aber als internationaler Drahtzieher der allerschlimmste. Seit ihm dieses Feindbild abhanden gekommen sei, wolle er sein Schicksal annehmen. Welches Schicksal er meine?

«Das Urteil.» Wie ihm diese Zigeunerin prophezeit habe, daß er dieses Lebensjahr nicht überleben werde.

Ich fragte Eichmann, was wäre, wenn er dennoch begnadigt würde. Er dachte eine längere Zeit darüber nach und antwortete dann: «Das wäre ein großes Unglück, aber ich glaube nicht daran.» Er fügte dann hinzu, er könne vielleicht in einem Kibbuz arbeiten, «mein Leben lang habe ich gern gebaut».

Als er sich dabei ertappte, nach meinem Busen zu sehen

und bemerkte, daß ich das bemerkte, zwang er sich, mich bis zum Ende des Gesprächs nicht mehr anzusehen, auch nicht, als ich mich von ihm verabschiedete.

9. Szene

Besucherzelle.
Gefängnisdirektor Ofer, Hull, Frau Hull.

Ofer: Es sollte eine nichtjüdische Instanz anwesend sein, gegebenenfalls.

Hull: Ja.

Ofer *zu Frau Hull*: Wird Sie der Gang zur Richtstätte nicht allzusehr belasten?

Frau Hull: Ich habe in der Sozialfürsorge gearbeitet.

Ofer: Sie werden zwei Stunden vorher benachrichtigt. Die Ablehnung des Gnadengesuchs würde der Öffentlichkeit erst nach der Hinrichtung bekanntgegeben. – Sie waren der einzige Geistliche, der der Haganah geholfen hat, den Staat aufzubauen, jetzt sind Sie der Seelsorger Eichmanns. Ich sehe, daß Gott die Ironie schätzt.
Eichmann wird gebracht. Er verbeugt sich kühl und nimmt Platz. Mit ihm sind die Wachen gekommen.

Hull: Geht es Ihnen gut?

Eichmann: Ja, sehr gut.

Hull: Erwarten Sie noch immer von den Menschen Hilfe und Vergebung?

Eichmann: Die Menschen interessieren mich nicht, es ist mir egal, was sie denken.

Frau Hull: Die Berufung muß für Sie sehr bedrückend gewesen sein.

Eichmann: Nein, sie war nicht bedrückend, denn sie war das Ende des Stellvertreterprozesses, der gegen mich geführt wird. Die Befehlsgebenden sind tot, und der Staat hat sich aus dem Staube gemacht. – Es ist jetzt alles klar.

Frau Hull: Es geht um Ihre Seele, die, wenn Sie nur wollen, jetzt gerettet werden kann.

Eichmann: Warum interessiert Sie meine Seele?

Frau Hull: Aus Nächstenliebe.

Eichmann: Mich interessiert die Fernstenliebe. Nächstenliebe ist zu wenig. Die Entwicklung zur Vollkommenheit, das einzige Gesetz göttlicher Herkunft, das kosmische Gesetz.

FRAU HULL: Warum wollen Sie keine Hilfe?

Eichmann, der in der Szene stark bemüht ist, seine facialen Gesichtszuckungen zu unterdrücken, läßt den Kopf auf seine Arme sinken, verharrt in dieser Haltung und schweigt.

Jesus ist für jeden Menschen am Kreuz gestorben. Jeder hat sein Golgatha. Nehmen Sie das Kreuz auf!

HULL: Adolf Eichmann, ich habe hier vier Blätter über Weissagungen, die sich auf Ihre Lage beziehen.

Er hält sie an die Trennscheibe. Da Eichmann nicht aufschaut, bringt ihm Ofer die Blätter und seine Lesebrille.

OFER *zu Eichmann*: Möchten Sie eine Erfrischung?

EICHMANN: Zigarette und einen «großen Braunen», hieß es im Café Kraxlmeier, Linz.

Ofer gibt ihm eine Zigarette und Feuer. Ein Kaffee wird von einer Wache gebracht. Eichmann geht einmal im Kreis durch seinen Zellenteil, schaut der Wache auf dem Balkon ins Gesicht, kehrt an seinen Platz zurück, setzt die Kopfhörer wieder auf und betrachtet Hull ziemlich hochmütig.

HULL: Er beginnt mit Genesis 3, 15.

EICHMANN, *indem er das erste Blatt überfliegt*: Das sind die Sachen, die ich vor 25 Jahren glücklich hinter mir gelassen habe. – Wer hat die Genesis geschrieben?

HULL: Moses.

EICHMANN: Moses war ein Mensch. Er hat die Bibel nicht geschrieben.

HULL: Woher wissen Sie das? – *er lächelt* – Waren Sie dabei?

EICHMANN *lächelt*: Waren Sie dabei?

HULL: Nein. Aber ich weiß, Gott kann durch Menschen reden.

EICHMANN: Er hat sogar durch einen Esel gesprochen.

FRAU HULL: Aber nur, weil sonst niemand da war, lieber spricht er durch Menschen. «Denn so sehr hat Gott die

Welt geliebt, daß er seinen eingeborenen Sohn gab, auf daß alle, die an ihn glauben, nicht verloren werden, sondern das ewige Leben haben.» Amen.

HULL: Johannes 3, 16.

EICHMANN: Gott spricht zu mir durch die Natur.

HULL: Haben Sie schon einmal einen Baum sprechen hören?

EICHMANN: Ja, das habe ich. Ich lag nächtelang unter dem südlichen Sternenhimmel, ich bin auf dem 5300 Meter hohen «El Ponchudo» im Norden Argentiniens gestiegen, ich sah durch Teleskope die als Nebelgebilde sich darbietenden fernen kosmischen Welten, Billionen von Sonnen, Trillionen von Planeten. Gott hat in den letzten drei bis fünf Jahrtausenden nur durch die Natur gesprochen.

FRAU HULL: Nein! Jesus ist die Tür!

EICHMANN: Die Messung der Radiumhalbwertzeit hat die mutmaßliche Werdung unseres engeren Universums auf die Zeit vor etwa fünf Milliarden Jahren angesetzt. Auch der Mensch ist nicht von Gott geschaffen worden, sondern er ist durch Entwicklung entstanden, durch zahllose Stadien der Entwicklung. Ich erstarre in Ehrfurcht vor der exakten Ordnung dieser gigantischen, planenden die Bewegung der Welten wie der Atome lenkenden Macht. Und dies, für mich, ist Gott. Den die Freimaurer den «Baumeister aller Welten» nennen.

Ofer geht durch die Tür und setzt sich neben Eichmann, weil er ihn für erregt hält, zündet ihm eine neue Zigarette an, sobald Eichmann ausgeraucht hat.

HULL: Zum Glück geriet ich nie in den Bann philosophischer und evolutionistischer Bücher.

FRAU HULL: Wo hat Sie Ihre Denkart hingebracht? Hätten Sie an Ihrem Kindheitsglauben festgehalten und sich nicht mit den philosophischen Ideen Spinozas und Kants eingelassen, dann könnten Sie jetzt ein glückliches, normales Leben führen.

EICHMANN: Ich würde gerne glauben, aber es ist nicht vernunftgemäß.

FRAU HULL: Der Satan streitet gegen Gott, und der Satan ist es, der Sie in die Irre führt.

EICHMANN: Dazu habe ich ein zu rechtschaffenes Leben geführt. Es gibt keinen Satan.

FRAU HULL: Man kann ein Knecht Satans in der Maske der NSDAP sein.

EICHMANN: Spinoza lehrt: Es gibt unter dem Himmel nichts Böses an sich. Ich bin nicht beunruhigt.

HULL: Haben Sie sich mit Ihrem Schicksal abgefunden?

EICHMANN: Ich habe keine Angst, ich bin bereit zu sterben.

HULL: Sollen wir Ihnen nicht helfen, sich darauf vorzubereiten?

EICHMANN: Ich bin nicht interessiert an jüdischen Erzählungen. Das Urteil ist jetzt klar. Ich werde gehängt. Ich bin nicht daran interessiert, ein falsches Glaubensbekenntnis abzulegen, um Eindruck auf die Weltöffentlichkeit zu machen.

HULL: Machen Sie sich keine Gedanken, was nach Ihrem Ende sein wird?

EICHMANN: Das ist für mich ohne Belang. Es gibt kein Ende.

FRAU HULL: Aber Sie werden in die Hölle kommen!

EICHMANN: Es gibt keine Hölle. Das sind Phantasien von Menschen.

HULL: Sie werden bald vor Gott stehen und sind nicht gerüstet.

EICHMANN: Ich bin gerüstet durch meine Philosophie. Es ist im Grunde Goethes «Stirb und Werde». Ich bin sehr glücklich und zufrieden.

HULL: Wir sind jetzt dreizehnmal zu Ihnen gekommen, weil wir Ihnen helfen wollten. Heute ist vielleicht das letzte Mal – wir hoffen noch auf Ihr Gnadengesuch –

EICHMANN: Erzählen Sie mir doch nicht, Sie wären dreizehnmal wegen mir hergekommen. Mir haben Sie keinen

Gefallen getan. Gleich zu Anfang habe ich Ihnen geschrieben –

FRAU HULL: Bedeutet es Ihnen gar nichts –

EICHMANN: Unterbrechen Sie mich nicht, lassen Sie mich reden! Gleich als es losging, habe ich Ihnen geschrieben, was ich glaube, und Sie hätten gar nicht zu kommen brauchen! Zu Dank bin ich Ihnen nicht verpflichtet.

FRAU HULL: Bedeutet es Ihnen gar nichts, daß Millionen von Christen für Ihr Seelenheil beten?

EICHMANN: Weil Leute für mich beten, kann ich nicht meine Ansichten ändern. Die mir verbleibende Zeit kann ich nicht mit den Ideen anderer vertun.

HULL: Wissen Sie, daß Dr. Hans Frank in Nürnberg bereut hat?

EICHMANN: Ja, aber Frank war ja auch schuldig. Er stand im Range eines Generals. Frank ist zur Kirche zurückgekehrt, und wie ich gehört habe, auch Kaltenbrunner. Sauckel schloß sein Herz dem Evangelium auf und Keitel, Schirach und Göring. Und es erbaten das Abendmahl Ribbentrop, Papen und Speer.

FRAU HULL: Uns liegt nicht an Ihrer Rückkehr zur Kirche, sondern daran, daß Sie Jesus Christus als Erlöser annehmen.

EICHMANN: Ich brauche keinen Mittelsmann, ich gehe direkt zu Gott selbst. Darin bin ich sehr dogmatisch, und deshalb glaube ich nicht an Jesus Christus.

HULL: Beten Sie immer noch?

EICHMANN: Wenn wir ans Ende kommen, habe ich der Welt vielleicht noch etwas zu sagen.

HULL: Wir bleiben bis zum Ende Ihres Weges bei Ihnen.

FRAU HULL: Wir kommen wieder, bis zum Ende und hoffen.

EICHMANN: Ich sehe schon, die Christen scheinen alle sehr besorgt darüber, wie ich sterben werde. Könnten Sie mich hören, wenn ich zu meinem Gott spreche, dann würden Sie sehen, daß ich Frieden habe.

OFER: Ich bitte, den Besuch zu beenden.

Eichmann wird in seine Zelle zurückgebracht.

OFER *zu Hull*: Die amerikanische Fernsehgesellschaft hat für heute nacht um ein Interview mit Ihnen gebeten. Reuter hat angerufen und auch «Herald Tribune».

HULL: Ich möchte jetzt keine Interviews und bitte mit der Begründung, weil sich unsere Gespräche ausschließlich auf geistliche Dinge beziehen.

10. Szene

Die immer erleuchtete Todeszelle. Abends.
Eichmann liegt auf dem Bett und liest unruhig. Eine Wache am Kopfende, die andere an der Tür. Eichmann steht auf, macht am Tisch eine Notiz, geht infolge der Fesselung in kleinen Schritten im Kreis und gibt bruchstückweise Gedanken von sich.

Eichmann: Kreise enger ziehn, kreisen, es gibt nichts Böses, Ordnung bleibt unveränderlich. Diätköchin Hitlers ein Zweiunddreißigstel jüdisch – *lacht* – geheim, Massentier, Gewohnheitstier, Herrenrassenblödsinn, Herrenrassenblödsinn, Zigarette –
Neuhebräisch – bitte. – Wie hieß die Diätköchin Hitlers? Sie hieß Eva Braun. Herrenrassenblödsinn.
Die Wache bringt ihm eine angezündete Zigarette, Eichmann bleibt bei ihm stehen, spricht zu ihm hin.
Biologisch wertvolles Material, der stellt sechs Kinder drauf. «Der unstillbare Blutdurst des Berufungsklägers» –
Er geht weiter im Kreis.
Wie sieht eine Nacht aus, Tod, Angst, war das Angst, Frau Doktor? Ich wußte aber nicht wovor? Längstes Kreuzverhör der Weltgeschichte. Gebraten, bis das Rumpsteak eben gar war. – Halbjüdische Cousine noch geküßt. «Das sind die Kinder dieses Schweins», sagt Onkel Fritz, sagt dieser Schweinehund. Kain! Kain! – *Er lacht*: Rabbiner setzen sich ein. «Ich werde nie vergessen, daß Adolf Eichmann meine erste Liebe war.»
Er geht wortlos und beunruhigt im Kreis. Ofer tritt in die Zelle, bleibt an der Tür stehen und betrachtet Eichmann, bis dieser ebenfalls stehengeblieben ist.

Ofer: Ich habe Ihnen etwas Wichtiges mitzuteilen: Der Präsident des Staates Israel, Itzhak Ben Zwi, hat Ihr Gnadengesuch heute abgelehnt.

Eichmann: Jawohl, jawohl, das habe ich erwartet und erhofft, ich bedanke mich. Ich möchte dann schlafen gehen.

OFER: Ja.

Eichmann läßt sich die Fesselung abnehmen, zieht sich ruhig aus und legt sich tief befriedigt schlafen.

Ofer zu der Wache an der Tür:

Die Hinrichtung ist für Mitternacht angeordnet. Ich werde ihn selbst wecken.

11. Szene

Todeszellentrakt.
Todeszelle. Vor Mitternacht.

Eichmann, Gefängnisdirektor Ofer, Gefängnisarzt, Wachen. Entfernte Baugeräusche.
Der nackte Oberkörper Eichmanns wird von dem Gefängnisarzt abgehorcht. Als der Arzt seine Sachen einpackt, wird Eichmann von einer Wache der grellrote Anzug angezogen.

GEFÄNGNISARZT *zu Ofer*: Ärztlicherseits keine Bedenken.
EICHMANN: Gesund genug, gehängt zu werden?
GEFÄNGNISARZT: Ich möchte mich von Ihnen verabschieden.
Er gibt Eichmann die Hand.
EICHMANN: Ich bedanke mich. Wenn ich noch um ein Glas bitten dürfte.
Ofer bringt ihm ein weiteres Glas Rotwein.
Ich bedanke mich auch bei Ihnen, Herr Direktor, und Ihren Beamten, die sich jederzeit korrekt verhalten haben. Meine Hochachtung.
Ein Friseur putzt seinen Hals ein bißchen aus, eine Wache serviert ein Essen.
Was mir nach Kriegsrecht zugestanden hätte: Erschießen. Es ist sehr eilig, scheint's.
OFER: Ihr Mahl, ein Tafelspitz. Ist das recht?
EICHMANN *gerührt*: Ich esse nicht, ich bin kein starker Esser.
Das Essen wird weggebracht, Ofer bringt ihm ein neues Glas Rotwein.
OFER: Das Ehepaar Hull, wenn Sie einverstanden sind.
EICHMANN: Der Kampf um meine Seele. Ich habe wenig Zeit. Ist mein Anwalt informiert?
OFER: Um jedes Aufsehen zu vermeiden, nein.
EICHMANN: Das kenne ich. Das ist mir bekannt.

Der Pfarrer Hull und seine Frau werden hereingebracht.

HULL: Guten Abend.

EICHMANN: Guten Abend. Sie sehen so betrübt aus. Warum?

HULL: Weil Ihr Ende gekommen ist. Wann hat man es Ihnen mitgeteilt?

EICHMANN: Vor zwei Stunden. Ich fürchte den Tod nicht, ich begrüße ihn, denn ich weiß, daß er es ist, der meine Seele frei macht. Sie sehen, ich bin nicht traurig.
Sein Gesicht leuchtet auf.
Es ist wie das Einschlafen, der Genuß, das Reich des Todes zu betreten.

FRAU HULL: Sie sind blind und hochmütig. Ich stehe hier als Stellvertreterin Ihrer Frau, die wie ich wünscht, daß Sie Christus als Erlöser annehmen. Denken Sie an den Schächer! Wenn Sie bereuen, wird man auch Ihren Angehörigen mit Mitgefühl begegnen. Aber Ihnen ist das ganz gleichgültig, Sie denken nur an sich, Sie sind ein äußerst egoistischer und eingebildeter und eitler Mensch!

EICHMANN: Das bin ich nicht! Gerade eitel bin ich nicht! Ich habe vier Monate hier zugebracht, ohne mich in einem Spiegel sehen zu können. Mein ganzes Leben war ein Opfer im Dienst eines geglaubten Reichs!

FRAU HULL: Des Satans! Des Satans! Rufen Sie den Namen Jesu an! Rufen Sie den Namen Jesu an, der Macht hat über Himmel und Erde, statt in die Hölle zu fahren!

EICHMANN: Ich möchte mit mir jetzt allein sein, mit meinem Gott. Entschuldigung.

FRAU HULL: Haben Sie Ihrer Frau noch etwas zu sagen?

EICHMANN: Bestellen Sie ihr, ich hätte in meinem Inneren Frieden gehabt.

HULL: Möchten Sie, daß wir Ihrer Frau die Bibel schicken, die wir Ihnen gegeben haben?

EICHMANN: Schicken Sie sie ihr. Ich schreibe etwas hinein. – –
Zu Hull und dessen Frau:

Auch wenn wir nicht zusammen kommen konnten, alles Gute.

Er dreht sich von allen ab zur Wand, als bete er. Hull und seine Frau verlassen die Zelle. Wenn Eichmann sich umwendet, trinkt er das Glas mit Rotwein aus.

OFER: Ich glaube, es ist Zeit.

Es werden ihm die Hände auf den Rücken gefesselt, als man ihm die Füße fesseln will, sagt er:

EICHMANN: Ich kann damit nicht gehen. Ich werde Ihnen nicht mehr weglaufen. Ich will es ja.

Die Hände auf den Rücken gebunden, wird er an zwei Wachen gefesselt.

OFER: Ich gehe den Gang entlang voraus.

Sie verlassen die Zelle, Eichmann bleibt unterwegs stehen und bittet die Wärter, ihm die Nase zu wischen. Einer nimmt ein Taschentuch aus Eichmanns Brusttasche, und Eichmann schneuzt hinein. Er scheint einen Augenblick zu schwanken. Es ruft jemand vom Ende des Gangs in neuhebräisch: «Warten, es ist noch nicht soweit!»

OFER *neuhebräisch*: Es muß fertig sein! – *zu Eichmann* – Kommen Sie.

Als sie am Ende des Gangs ankommen, wird der Durchbruch zu der Hinrichtungskammer krachend freigelegt, sie gehen über Ziegel und Staub in die hellerleuchtete Hinrichtungskammer, ein kleiner Raum. Eichmann wird unter ein eisernes Gerüst auf eine hölzerne Plattform geführt, die in den Fußboden gebrochen worden ist. Von dem Gerüst hängt ein schweres Seil aufgerollt über seinem Kopf. Es sind Polizei- und Regierungsbeamte anwesend, der Gefängnisarzt und zwei Henker. Eichmann steht auf der Plattform mit dem Rücken zum Publikum. Es werden jetzt Journalisten hereingelassen, Fotografen und der Pfarrer Hull mit seiner Frau. Die Journalisten beginnen sofort zu schreiben. Hull und Frau Hull stehen schräg vor Eichmann und rufen zu ihm hin: «Jesus! Jesus! Herr Jesus, mein Heiland!» Eichmann wendet sich von ihnen ab und sagt: «No.» Als ein Henker ihm die

Füße zusammenbinden will, sagt Eichmann: «Ich kann so nicht stehen.»

OFER: Adolf Eichmann, nachdem das Urteil des Obersten Gerichts des Staates Israel rechtskräftig geworden ist, hat der Justizminister dessen Vollstreckung angeordnet. Ramleh, der 31. Mai 1962, Donnerstag, 23 Uhr 50.

Ein Henker will ihm eine schwere Kopfhülle überziehen, Eichmann weist sie zurück.

EICHMANN: Ich brauche das nicht. Ich kann als Soldat dem Tod ins Auge sehen. –

Es lebe Deutschland! Es lebe Argentinien! Es lebe Österreich!

Mit diesen drei Ländern war ich eng verbunden. Ich werde sie nicht vergessen. Ich grüße meine Frau, meine Kinder und meine Freunde. Ich mußte den Kriegsgesetzen und meinem Fahneneid Folge leisten.

Ich bin bereit. – – Im übrigen, meine Herren, wir werden uns bald wiedersehen, das ist das Schicksal aller Menschen. Ich habe mein ganzes Leben lang an Gott geglaubt, ich sterbe im Glauben an Gott.

Die beiden Henker ziehen die mit Schaumgummi gepolsterte Schlinge des etwa vier Zentimeter dicken Seils herunter und legen sie als Doppelschlinge wie einen engen Kragen um den Hals von Eichmann, so daß er den Kopf hochrecken muß.

FRAU HULL: Jesus wartet! Jesus! Rufe Jesus, meine Rettung!

Sie kniet mit Hull nieder, und sie beten. Eichmann bemerkt sie nicht. Die Henker ziehen einen Vorhang um Eichmann. Der eine Henker ruft: «Mouchan!» (fertig!), der andere ruft: «Paal?» (los!). Er zieht einen Metallhebel, die Plattform klappt herunter, und Eichmann stürzt durch den Fußboden in die Tiefe.

Dunkel.

HULL *ad spectatores*:

Im Dienstzimmer des Direktors lagen vier Schriftstücke über die Hinrichtung, die ich als Zeuge unterschrieb. Er

fragte mich, ob ich bereit sei, Eichmanns Leiche zu identifizieren, und ich sagte zu.
Wir fuhren kurz nach eins von der Nordausfahrt des Gefängnisses zu einem nahe gelegenen Gehölz. Ein großes Polizeiaufgebot in Lastwagen und Mannschaftswagen sperrte alle Zugänge. Ein Polizeiposten kontrollierte unsere Ausweise. Über den Weg lag ein vierzölliger Feuerwehrschlauch. Durch das Gedränge sah ich links von mir einen hellen Feuerschein. Wir gingen durch den Polizeikordon auf etwas zu, das wie ein großer Backofen aussah. An der Vorderseite war eine Eisentür, die durch einen seitlichen Hebel zu bedienen war. Es führten Laufschienen zu ihr hin. Auf einem flachen, wie eine zweizinkige Gabel aussehendes Gestell lag eine in graue Wolldecken gewickelte Gestalt. Ofer hob die Decke über dem Gesicht auf und bat mich, die Leiche zu identitifizieren. Ich bestätigte, daß dies die Leiche Adolf Eichmanns sei.
Die Tür des Ofens wurde aufgemacht, und ich erinnere mich, wo ich den Ofen, die Laufschienen, das Gestell gesehen hatte. Auf Fotos der Nazi-Krematorien in den Vernichtungslagern.
Dann kam der Befehl, die Leiche in den Verbrennungsofen zu schieben. Dabei sprang das Gestell aus den Laufschienen, der nackte Leichnam glitt aus den Decken auf den Boden. Mit einigen Schwierigkeiten wurde die Leiche vor dem glühenden Ofen hochgehoben und wieder auf das Gestell gelegt. Schließlich wurde es in den Ofen geschoben und wieder herausgezogen, wobei die Leiche abgestreift wurde. Bei einem Beamten, der seine Sommeruniform mit aufgerollten Ärmeln trug, konnte ich die tätowierte KZ-Nummer sehen. Aus dem drei Meter hohen Schornstein quoll schwarzer Rauch.
In einem Gefühl der Erleichterung fuhren wir in das Dienstzimmer des Direktors zurück. Ich unterschrieb ein Dokument über die Identifizierung der Leiche. Man brachte uns nichtalkoholische Getränke. Um zehn vor drei kam ein Telefonanruf, wir wurden noch einmal zu

dem Verbrennungsofen gebeten. Es waren nur noch wenige Beamte dort. Alles war dunkel und still. Es wurde die Eisentür geöffnet und ein kleiner Aschenhaufen zusammengekehrt. Die Asche wurde in ein flaches Metallbecken geschoben und vorsichtig in eine vernickelte Milchkanne von sieben oder acht Litern Inhalt geschüttet. Sie hatte einen festschließenden Deckel und einen umlegbaren Henkel.

Ofer sagte mir, daß die Asche außerhalb der israelischen Hoheitsgewässer ins Meer gestreut werden sollte und bat mich, ihn zu begleiten. Als der Wagen kam, war es drei Uhr. Ich saß mit dem Landrat von Ramleh hinten, Ofer neben dem Fahrer, die verschlossene Milchkanne zwischen den Füßen. Wir fuhren zum Hafen von Jaffa, wo ein Tender bereit lag. Auf offener See wurden wir von einem Polizeischiff übernommen, das ungefähr sechs Meilen weit hinausfuhr. An der Reling stehend, sahen wir, wie Ofer das Behältnis feierlich öffnete, und die Asche langsam in die wirbelnden Wasser am Heck schüttete. Es war kurz nach halb fünf und ganz hell. Ofer füllte die Kanne mit Seewasser, damit auch die letzten Aschenreste fortgespült wurden. Die sterblichen Reste Adolf Eichmanns sanken in die Tiefe des Meeres, um den Tag der Auferstehung zu erwarten.